DMZ 접경지역 기행 2

인제편

2

D M Z
접경지역
기   행

인제

건국대학교
통일인문학연구단
DMZ연구팀

경인문화사

목 차

DMZ

01 ———

4,500년의 이야기를 간직한
대암산 용늪 생태탐방로

| 서흥리 탐방안내소 – 심적습원 – 용늪 생태탐방로 – 용
늪전망대 – 용늪 – 대암산 정상

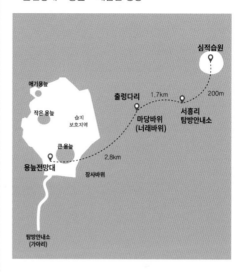

대암산, 4,500년의 늪이 숨 쉬는 곳
용늪 생태탐방로, 용의 승천길을 따라 오르는 고원습지
용늪, 넉넉한 품에서 느끼는 자연의 치유력
대암산 정상, 한눈에 보이는 펀치볼과 비무장지대

_____ '60년 넘는 세월 동안 사람의 손길이 닿지 않은 원시림의 청정 자연.' 철책선 안의 때 묻지 않고 평화로운 생태계의 모습은 대중매체가 DMZ를 재현하는 익숙한 수사법이다. 환경부와 국립생태원이 2016년 발간한 한 보고서에 따르면, DMZ는 한국 영토의 1.6%인 1,557km²에 불과하지만 한반도 전체 생물종의 약 20%, 특히 멸종위기 동·식물 91종이 살아가고 있다. 아무나 갈 수 없는 곳, 비무장지대를 재현하는 '멋진 그림'은 기억 속에 저장된 그런 이미지를 소환하고 더 선명히 각인시킨다.

_____ 하지만 관성적인 인식 틀은 '있는 그대로' 보는 것을 가로막기도 한다. DMZ 접경지역에는 희귀 동·식물뿐만 아니라 주민들의 바쁜 손길과 군인들의 피곤한 얼굴도 스며들어 하나의 풍경을 이룬다. 경계 부대의 시야 확보를 위한 벌목과 방화放火로 울창한 나무는 사라지고 낮은 관목지대만 펼쳐지기도 한다. 부대 잔반에 의존해 겨울을 나는 멧돼지 가족과의 정情도 있고, 추수가 끝난 논에 앉은 배고픈 독수리의 쓸쓸함과 두루미의 우아한 날갯짓도 있다. 민통선 이북엔 인적 드문 농경지도 있고 지뢰지대 사이의 비탈길을 헤집는 비포장 군사 도로에는 검은 연기를 내뿜는 군용 트럭이 달린다.

대암산,
4,500년의 늪이 숨 쉬는 곳

강원도 인제와 양구가 맞닿아 있는 험준한 산악 지역엔 '청정한 원시 생태' 같은 DMZ에 대한 사람들의 기대를 충족시켜 줄 멋진 곳이 숨어 있다. 바로 대암산 大巖山/檡岩山 '용늪'이다.

용늪은 천연기념물 제246호, 습지보호지역, 산림유전자원 보호림으로 지정되어 있다. 원래 근처에 있던 소규모의 습지를 '작은 용늪', 대암산 정상인 1,316m에서 조금 못 미친 1,280m 지점에 펼쳐진 습지를 '큰 용늪'이라 불렀다. 하지만 '작은 용늪'은 토사가 유입된 후 훼손되었고, 나무가 자라면서 현재는 늪의 모습을 찾아볼 수 없다. 그래서 대암산 용늪은 국내에 하나뿐이면서 세계적으로도 희귀한 '고층 습원'으로 보호받고 있다.

옛날 인근 산골 마을에 살던 주민들에게도 이 산마루 습지는 예사 풍경이 아니었다. 용늪이라는 이름의 유래는 하늘로 곧 올라갈 용龍이 잠시 숨을 고르며 쉬었다 가는 곳이라는 전설에 담겨 있다. 용늪의 생물 다양성에 대한 학계의 조사가 본격적으로 시작된 것은 1968년이다. 그 생태적 가치를 인정받은 용늪은 1997년 3월 국내 최초로 '람사르 협약 습지(Ramsar wetlands)'로 등재되었다. 2010년 8월엔 보존 면적을 1.36km²로 확대 지정하고 민간 개방을 준비하기 시작하였다. 한국전쟁 이후 민통선 내부에 있어서 일반인이 쉽게 드나들 수 없었던 미지의 땅 대암산 용늪은 2015년부터 민간인이 출입할 수 있게 개방되었다.

용늪은 매년 5월 16일부터 10월 31일 사이에 하루 100명(인제군 50명, 양구군 50명) 이내로 사전예약을 통해 정해진 시간에만 출입을 허용하고 있지만, 아프리카돼지열병 및 코로나19 방역으로 인해 최근 몇 년 동안 탐방 프로그램 대부분을 중단하였다. 탐방객들은 마을 주민들로 구성된 안내원의 인솔을 받으며 등산과 트레킹코스로 구성된 용늪 생태탐방로를 둘러볼 수 있다. 외부에서 유입되는 오염물과 늪지대의 부드러운 땅을 짓누르는 등산화의 발길을 최소화하자는 현세대의 작지만 엄정한 규칙이다. 이처럼 제한적으로 개방하고 있지만, 용늪은 여러 환경 조건의 변화로 그 원형의 모습을 잃어가고 있다. 그러나 남북의 적대적 분단으로 인해 그나마 원래의 모습으로 보존할 수 있었던 대암산 용늪은 후손들도 함께 감상할 수 있는 생태계의 독특한 터전임이 분명하다.

용늪 생태탐방로,
용의 승천길을 따라 오르는 고원습지

언제든, 누구나, 혼자선 보러 갈 수 없는 곳이기에 더 그럴까. 등산가들이 꼽는 '한국 100대 명산'에 한 자리를 차지한다는 대암산은 물론이고 산마루에 펼쳐진 용늪의 시원한 자태를 상상하면 이른 새벽의 출발도 설렌다. 대암산은 서쪽으로는 양구군 동면 팔랑리 및 해안면 만대리, 동쪽으로는 인제군 서화면 서흥리를 마주 보고 있는데, 오늘의 출발지인 서흥리 탐방안내소로 가는 길부터 심상치 않다. 국도에서 임도林道를 타고 들어와 이정표를 보며 산악 도로를 오르면 '낙석 및 커브 주의' 표지가 운전자를 움찔하게 만든다. 내비게이션 지도 화면에서 길이 사라진 후에도 대략 7km의 비포장 산악 도로를 구불구불 올라간다. 곧 스마트폰 상단에 사선이 그어진 빨간색 동그라미가 뜬다. '통화 불가' 지역에 들어서면 뭐든 빠르고 편하게만 사는 데 익숙한 도시인들은 괜히 불안해지기 시작한다.

그런데 산짐승의 처지에서 생각하면 이런 인적 뜸한 곳이 얼마나 더 편안하고 안전한 곳일까. 용늪 덕분에 이곳은 인간의 시선에서야 호들갑 떨 만큼 영험한 지역이지만, 대암산을 삶의 터전으로 삼는 뭇 생명들에겐 그저 아늑하고 오래

심적습원

용늪
(ⓒ 인제군대암산용늪 홈페이지)

된 보금자리일 뿐이리라. 오르막길을 재촉하며 차를 몰아 오전 9시 출발 시간 전에 다행히 안내소 앞에 도착했다. 차에서 내려 공기를 가득 들이마시니, 그렇게 맑고 개운할 수가 없다. 안내소에서 상부로 400m를 더 올라가면 2007년 발견된 0.12km² 소규모 고층습지인 '심적습원'도 있다. 심적습원은 파괴가 우려되어 현재는 무기한 휴식기에 들어가 있다.

처음 만난 해설사는 사람 좋은 웃음을 지으면서 그리 힘들진 않을 거라며 탐방객들의 긴장을 풀어주신다. 정해진 탐방로 외에 함부로 길을 이탈하거나 숲으로 들어가선 안 되며, 가져온 음식물이나 쓰레기를 절대 버리지 말라는 당부도 들었다. 그리고 대암산을 있는 그대로 보존하기 위해 미리 화장실을 다녀올 것도 잊

—
용늪 출렁다리

지 말아야 한다. 이제 출발이다. 나무 데크가 놓인 시작 구간은 기분을 산뜻하게 고조시키고, 산에서 불어오는 늦은 봄바람은 정겹기만 하다.

일행과 함께 대암산의 품속으로 걸어 들어가며 혼자 괜한 상념에 빠졌다. '사람들은 이 오지 고원에 숨어 있는 늪에서 왜 용을 떠올렸을까, 이름 모를 나무꾼은 피어오르는 안개 사이에서 하늘로 올라가는 대단한 무언가라도 보았을까, 오늘 승천하는 늙은 용의 기운을 느낄 수 있을까?' 피식 웃으며 고개를 저었다. 그리고 날씨가 쾌청하거나 '금강초롱'의 영롱한 자태를 가까이서 보겠다는 과한 기대는 하지 말자고 다짐한다. '그저 맑은 공기를 마음껏 마시며 천천히 걷자, 용늪의 얼굴을 겸허히 보고 무사히 돌아오자.'

탐방객들은 좁은 숲길, 출렁다리, 넓은 임도, 평평한 마당바위, 계곡과 작은 폭포를 거치는 완만히 올라가는 트레킹 구간을 계속 걷는다. 계곡물은 용늪에서 흘러나온 물로 수량이 풍부하다. 휴식 시간을 겸해 드문드문 숲 해설을 들으며 7km 가까이 2시간 30분쯤 걸어가면 눈앞엔 어느덧 '용늪 전망대'가 보인다. 늪 주변 탐방로에 놓인 널찍한 돌은 다른 지역에서 가져올 때도 모두 깨끗이 씻어 들여왔다고 한다. 일행들은 등산화에 묻은 흙을 털어내고, 등산 스틱을 접고, 고개를 들어 안개가 덜 걷힌 용늪을 오감으로 느껴보려고 한다. 탐방로 데크를 따라 늪 속으로 걸어 들어가면 몽환적인 늪의 품속으로 빨려 들어가는 기분마저 든다.

용늪,
넉넉한 품에서 느끼는 자연의 치유력

1996년 사전허가 없이 방북_{訪北}하여 홍역을 치른 소설가 김하기가 출옥 후 처음으로 발표한 단편소설 「용늪 가는 길」(『복사꽃 그 자리』, 문학동네, 2002)의 첫 문장은 대암산 용늪을 이렇게 묘사 한다. 용늪은 "수천 년 동안 쌓인 식물 부식층 위를 물이끼와 산사초가 그물처럼" 감싼다. 그 위에서 뛰어 보면 마치 '텀블링'의 반동처럼 늪지 "전체가 출렁거리며 탄력을 얻는다." 이 작품의 인물들은 저마다 겪은 역사적 상처로 인해 어딘가 뒤틀린 채, 내면의 고통에 힘겨워하며 제대로 살아가지 못하고 있다. 잡지사 사진기자인 주인공 '해준'은 '80년 광주'의 기억 이후 변혁운동에 헌신하였지만, 믿었던 동지들과 서로 배신하고 증오하는 사이가 되었다. 그런 해준이 한국전쟁 참전용사인 생태학 전공의 노 교수, 그리고 월남전 참전용사로 해안면_{亥安面}에서 돼지를 키우는 주민과 만나서 투덕거리며 가까워지게 된다.

이 과정에서 대암산 용늪은 앙칼진 발톱으로 서로 상처를 내는 '아픈 마음들'을 그저 말없이 감싸 안아준다. 한 개인으로선 어찌할 수 없이 도저히 흘러가는 역사의 간교한 운명, 거기에 휩쓸리며 상처받은 인간들은 결국 자연의 거대한 품 속에서 조금씩 '치유'되어 간다. 번뇌에 휩싸인 사람들을 넉넉히 품어주는 용늪은 그 자체로 잠든 용의 품속 같다. "용은 폭우와 거센 바람에도 배를 뒤치며 출렁거린다."

그런데 소설이 〈창작과 비평〉에 발표된 1998년 이전엔 연구조사나 촬영차 방문한 사람들이 군부대의 안내로 늪에 들어갈 수 있었던 모양이다. '용늪 안에 들어가서 뛴다'라는 저 표현은 지금으로선 상상도 할 수 없는 일이다. 해발 1,300m 가까운 곳에 있는 '고원습지'라는 점 외에도 용늪은 두터운 '이탄층_{泥炭層}'으로 그

용늪(ⓒ 인제군대암산용늪 홈페이지)

보존 가치를 인정받아 엄격히 보호받고 있기 때문이다.

　이탄층은 완전히 분해되지 않은 식물의 사체死體가 진흙과 섞여 늪이나 못의 물밑에 쌓인 지층을 말한다. 이탄은 지하에 파묻힌 식물이 오랜 세월 동안 높은 압력과 열을 받아 생성된 석탄石炭과 달리, 주로 벼과 식물인 사초莎草나 갈대류가 지표면에서 불충분한 부패 작용을 겪었을 때 만들어진다. 최소 70cm에서 최대 1.8m, 평균 1m에 이르는 이탄 제일 아래층 꽃가루를 분석한 연구자들은 용늪의 '연세'를 약 4,500세로 추정했다. 그런데 습하고 추운 기후인 이 늪지대에서 퇴적의 속도는 무척 느려 진흙은 1년에 약 1mm밖에 쌓이지 않는다. 석회암 동굴의 종유석이나 석순이 자라는 속도에 비견될 만큼 인간사의 짧은 시간을 압도한다.

　용늪 일대는 연평균 기온이 4.4℃로 5개월 이상 영하의 기온에 머물러 있으며, 연중 절반 이상 안개에 휩싸여 있다. 또한 습도가 아주 높아 쌓인 눈이 잘 녹지 않아 식물이 살기에는 정말 가혹한 환경이다. 그런데 이 악조건으로 인해 식물이 완전히 분해되지 않고 잔해가 쌓여 이탄층을 형성한다. 이곳의 독특한 환경에 적응한 동·식물은 특화된 생명력을 갖추었기에 희귀종이나 멸종위기종이 많을 수밖에 없다.

생명의 터전이 되는 이탄층도 흘깃 보면 검은 곤죽처럼 보이지만, 사실 탄력을 갖고 흔들리는 거대한 묵 덩어리처럼 밀도가 높다. 이탄층에 함유된 퇴적물엔 반만년 가까이 자연이 기록해 온 방대한 분량의 생태 자료가 압축되어 있다. 더불어 그동안 한반도의 대지가 겪은 기후변화와 자연재해의 흔적도 들어 있다. 기원전 2,333년에 세워졌다는 '단군조선'보다도 더 오래된 용늪의 이탄층은 그 자체로 지구의 역사를 발췌한 '자연사박물관'이자, '한반도의 족보'라고 할 수 있다. 3차원 공간에서 용늪이 보여주는 무량한 깊이감은 기실 무심히 흘러간 무수한 시간의 주름이다.

혹독한 추위와 높은 습도에서 자라난 용늪의 식물군은 죽은 후에 반쯤 썩어 곱고 찐득한 뻘이 되고, 서로 엉겨 붙어 '라텍스 매트' 같은 탄력성을 갖는다. 그 폭신한 이불 위에 사람 무게의 충격이 가해진다면 그 진동은 반경 5m까지 전달되어 퇴적층을 파괴한다. 수많은 풀과 풀이 그 자리에 쓰러져서 만들어진 이탄층은 마치 살아서 숨을 쉬듯 스펀지처럼 물을 가득 머금었다, 뱉어내는 땅이다. 그 곁에 숨죽이고 앉아 흘러가는 작은 물소리를 듣노라면, 오래전에 죽은 것들이 사멸되지 않고 다시 살아 있는 것들에게 숨을 불어 넣어 주는 윤회輪回의 바퀴 소리를 듣는 것만 같다.

그렇게 용늪 앞에서 무릎 꿇을 수 있는 사람들에게만 진흙의 대지는 자신이 품고 있는 것들을 보여준다. 용늪에서만 자라는 특산식물, 벌레를 잡아먹고 사는 식충식물, 각종 야생화를 포함해 총 252종의 습원식물들이 곳곳에 드러난 검은 이탄 사이에 뿌리를 내리고 있다. 도시 생활의 피로감에 찌들어 있는 탐방객들에겐 그들의 이름을 듣는 것으로도 '힐링'이 되리라. 잠시 읊어 보자. '산사초, 삿갓사초, 골풀, 달뿌리풀, 가는 오이풀, 용늪 엉겅퀴, 물이끼, 큰용담, 물매화, 흰금강초롱, 비로용담, 칼잎용담, 제비동자, 진범, 기생꽃, 조름나물, 끈끈이주걱, 북통발 ….'

한편, 듣던 대로 늪에 고인 얕은 물은 차갑다. 먹잇감이 부족해서 어류는 살지 못하지만, 물두꺼비·도롱뇽·개구리 같은 양서류의 보금자리다. 늪 주위의 대암산에선 멸종위기 야생동물로 지정된 왕은점표범나비, 참매, 까막딱따구리, 삵(이상 Ⅱ급)이 서식하고, 멸종위기 Ⅰ급 동물이자 천연기념물 제217호인 '산양'도 관찰된다. 이러한 용늪에는 '생물 다양성의 보고寶庫'라는 표현이 딱 들어맞는다. 남방 식물과 북방 식물이 혼재하고, 한반도 동부와 서부의 지형과 기후에 적응한 식물군들이 함께 서식한다. 진흙으로 된 늪의 피부는 연약하지만, 그 깊이는 묵직하고, 품은 아늑하다.

대암산 정상,
한눈에 보이는 펀치볼과 비무장지대

갑자기 안개와 비바람이 들이닥치곤 하는 고지대 날씨는 변화무쌍하다. 용늪 구간을 돌아 나와 1.5km를 더 산행하면 대암산 정상으로 오르는 길이다. 가파른 바위 사이를 올라가다가 불현듯 지뢰지대 팻말이 옆으로 보인다. 철조망 위에 설치된 감시 카메라가 갑자기 분위기를 을씨년스럽게 만든다. 용늪의 고요한 풍경이 남긴 여운에 취해 있다가 문득 이곳이 DMZ 접경지역임을 새삼스레 상기하게 되는 순간이다. 대암산과 인근 대우산은 한국전쟁 당시 남북이 험준한 산악 지형 속에서도 산봉우리 몇 개를 서로 차지하기 위해 치열한 혈전을 벌였던 곳이다. 과거엔 이 대암산과 용늪의 아름다운 풍경이 끝내 점령하고 수복한 아군 승리의 전리품으로 여겨지기도 하였다.

다시 땀을 내며 오른 대암산 정상에선 거대한 대접 안에 들어선 땅처럼 보이는 양구 해안면의 분지, '펀치볼(punch bowl)'의 전경이 가득 펼쳐진다. 양구 을지

용늪 전경(© 인제군대암산용늪 홈페이지)

전망대에서 '펀치볼'을 내려다 보니 마치 깊은 사발 모서리 위에 올라선 듯한 느낌이었다. 그런데 여기서 본 '펀치볼'은 거대한 소쿠리 같다. 다시 발걸음을 되돌려 출발 지점인 탐방안내소로 내려올 때는 올라갔던 길과 다른 북동쪽 탐방로로 하산한다. 갈림길인 삼거리에서 다시 길을 되밟아 나오면 왕복 약 10.5km, 5시간 30분의 생태탐방 코스가 완료된다.

용늪에 한 번이라도 와본 사람들은 알게 된다. 왜 만물이 약동하는 봄부터 대지가 무르익는 가을까지만 출입 허가증을 발급하는지, 5천 원의 입장료를 미리 납부하고 귀찮은 신청 절차를 거치는 것쯤이야 여기 또 오고 싶은 마음에 비하면 왜 아무것도 아닌지, 청신한 자연은 왜 조금 불편하게 마주하는 게 더 좋은지를.

대암산 용늪 생태탐방

두 가지 코스의 정해진 탐방로로만 이동하는 '대암산 용늪 생태탐방'은 사전예약
이 필수다. '인제군 대암산 용늪(http://sum.inje.go.kr)'에서 신청할 수 있다. 지역 주
민이 안내하는 탐방은 현지 상황과 탐방객 조건에 따라 유동성이 크므로 일정에
대해 사전 협의를 반드시 해야 한다. 탐방객 20명당 1명씩 배정되는 주민 안내원
의 인건비 10만 원은 탐방객이 나누어 부담한다.

탐방로 편도 4.7km에 전체 5~6시간 정도 소요되는 '서흥리 탐방코스'의 출
발 시간은 9시(50명), 10시(40명), 11시(40명)로 하루 최대 3회 운영된다. '용늪자
연생태학교'(인제군 서화면 금강로 1106−27)에서 신분 확인과 주민 안내원의 안내
를 받고 출발한다. 그 후 개인 차량으로 생태탐방 시작점인 생태탐방안내소까지

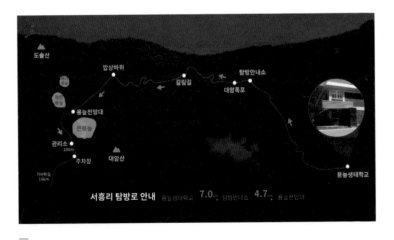

서흥리 탐방로(© 인제군대암산용늪 홈페이지)

7km 이동 후 본격적인 산행을 시작한다.

　　또한 3시간 정도 소요되는 '가아리 탐방코스'는 하루 1회로 10시(20명)에만 출발한다. 출발 전 먼저 인제읍 가아리 산1번지 안내소에서 신분 확인 후 출입증을 받아 개인 차량으로 14km의 산악 도로를 이동해야 한다. 출발 지점까지 찾아가기가 까다롭고 택시 이용이나 버스 진입이 불가한 곳이므로 탐방객은 이동 방법을 사전에 자세히 준비해야 한다.

　　문의 : 인제군청 환경보호과(033-460-2065)

02 _____

설악산 깊은 계곡에서
만나는 부처 1
심우의 길 찾기

| 백담계곡 – 백담사 – 백담사 만해 흉상·만해기념관 –
  백담사 법화실 – 백담사 극락보전 – (목조 아미타여래
  좌상 및 복장유물) – 백담사 나한전

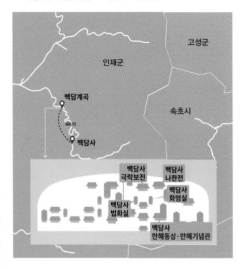

만해의 시가 흐르는 백담계곡

만해의 자취가 배인 백담사

님을 사랑한 스님, 만해 흉상·만해기념관

독재자로부터 우리에게 되돌아온 사찰, 화엄실·법화실

아미타삼존불을 모신 극락보전

석가삼존불과 함께 하는 나한전

한국전쟁 이후 남북을 가르는 경계선은 1945년 분단 당시와 많이 달라졌다. 한반도의 서쪽 지역은 이전의 38선보다 아래에 위치하며, 동쪽 지역은 이와 반대로 38선보다 위에 위치하게 된 것이다. 그래서 사람들은 '남쪽은 한반도 동쪽의 아름다운 설악을 얻는 대신, 서쪽의 해안과 맞닿아 있는 풍족한 평야 지대를 잃었다'라고 말하기도 했다. 이렇게 설악은 지금 풍족한 평야 지대를 대신할 만큼 남쪽 국민 대다수가 좋아하는 명승지가 되었다. 하지만 조선 시대만 해도 '설악산雪嶽山'은 무명無名의 산에 가까웠다. 그도 그럴 것이 '설雪'과 '악嶽'이라는 말이 보여주듯, 그 당시 사람들이 접근하기에는 너무 춥고 깊을 뿐만 아니라 험준했을 테니까 말이다. 설악산은 지척에 있는 유려한 '금강산金剛山'에 비해 그 명성이 약했고, 한국전쟁 당시에는 곳곳의 봉우리들이 대표적인 격전지가 되었다. 그 이후 1960년대까지만 해도 설악산에는 '무장간첩이 출몰한다'라는 이유로 종종 통행금지가 내려졌다.

그렇게 닫혀 있던 설악산이 차츰 개방되기 시작한 것은 1970년대부터다. 현재 설악산 관광 지도를 살펴보면 설악은 '내설악內雪嶽'과 '외설악外雪嶽', 그리고 '남설악南雪嶽'으로 구분된다. 안과 밖, 여기다가 남까지, 그렇게 설악산은 크고 깊다. 산이 크고 깊으면, 그곳을 가르는 계곡도 깊기 마련이다. 하지만 그뿐만이 아니다. 특히 내설악에 있는 '백담계곡(백담골)'은 자장율사慈藏律師, 매월당 김시습梅月堂 金時習, 삼연 김창흡三淵 金昌翕, 만해 한용운萬海 韓龍雲에 이르는 역사 인물들의 이야기가 여전히 생생히 흐르고 있는 곳이다. 거기에 얽힌 이야기와 역사도 깊다. 백담계곡과 그 상류로 이어지는 수렴동 계곡을 따라가다 만나게 되는 절과 암자들에는 한 시대의 풍파를 이기며 구도의 삶을 살아간 사람들의 남긴 이야기들이 존재한다.

만해의 시가 흐르는
백담계곡

　설악산의 최고봉인 대청봉과 마등령을 잇는 능선을 중심으로, 서부지역을 흔히 내설악이라 한다. 내설악은 십이선녀탕, 백담, 수렴동, 가야동, 백운동 등의 계곡을 거느리고 있는데 그중에서도 백담계곡은 시냇물처럼 폭이 넓고 길이도 길다. 강원도 인제군 백담사에서부터 용대리에 이르는 구간에 이름 붙여진 '백담계곡百潭溪谷'의 '백담百潭'은 '백 가지의 못'이라는 뜻으로, 애초 이 골짜기에 못들이 너무 많아서 명명된 것이다. 하기야 그 광경이 얼마나 신기하고 특색이 있어 보였으면 '백담'이라는 이름을 붙여 주었을까. 더구나 이 계곡은 물길 주위를 둘러싸고 있는 울창한 숲을 끼고 있으면서도 모나지 않고 부드러운 암반들과 아기자기한 조약돌이 어우러져 '보는' 즐거움을 선사한다.

　하지만 아쉽게도 현재 백담사로 넘어가는 공용버스의 통행과 도보 이동을 제외하고는 일반 차량의 운행이 제한되어 있어 그 풍광을 접하긴 힘들다. 그렇지만 백담사까지 약 8km에 이르는 계곡은 우리들의 눈을 사로잡기에 차고 넘친다. 오늘날 백담계곡은 이 계곡의 상류에 있는 '수렴동계곡水簾洞溪谷'에 비해 잘 알려지지 않았다. 수려한 수렴동계곡이 내설악의 가장 높은 봉우리인 대청봉을 오르는 등산로로 명성을 얻었다면, 백담계곡은 그 유명한 '백담사'에 자신의 이름을 양보함으로써 아름다운 자태를 감추고 있는 것인지도 모른다.

　백담계곡을 따라 상류로 이동하면 백담계곡의 시작점을 만날 수 있다. 주위 폭이 넓고 잔잔하게 흐르는 계곡 사이로 부담스럽지 않은 크기의 자그마한 돌들이 사방으로 흩어져 있는 곳이다. 조약돌과 자갈들이 사방으로 널려 있는 그곳에 계곡물이 줄어들면 사람들은 흩뿌려진 돌을 소중히 모아 그곳에 수천 개의 돌탑을 쌓는다. 사람들의 염원을 담아 올라간 자그마한 돌탑은 주위의 풍경과 겹쳐지

백담사 돌탑

면서 웅장하게 변모한다. 이렇듯 백담계곡은 사람들의 소망을 담아 흐른다. 물과 나무, 돌과 사람들의 소망이 겹쳐 자연과 동화된 장엄한 풍경을 이루고 있는 수천 개의 돌탑을 좌우로 두고 계곡 사이에 놓인 야트막한 다리를 지나면 거대한 사찰 이 눈에 들어온다. 바로 백담사百潭寺다.

만해의 자취가 배인
백담사

　내설악에서 가장 유명한 사찰인 백담사는 원래 647년에 자장율사가 설악산 한계리 부근에서 창건한 '한계사寒溪寺'로부터 시작한다. 백담사라는 이름이 최종 적으로 확정되기까지는 '운흥사', '심원사', '선구사', '영축사'(또는 '영취사') 등의 다 양한 이름들을 거쳤다. 그런데 이 절에는 크고 작은 불이 여러 차례 발생했다고 한다. 계속되는 화재는 스님들에게도 큰 걱정거리였다. 백담사라는 사찰명과 위

백담사 전경

치에 관한 전설은 바로 여기서 유래한다. 지금의 백담사 위치는 당시 주지 스님이었던 현몽現夢이 지정하였다는 전설이 있다. 꿈에 백발노인이 나타나 대청봉에서 절까지 담潭이 100개가 되는 곳에 절을 지으면 재난을 피할 수 있다고 일러줬다는 것이다.

어쨌든 '백담계곡'의 그 '백담'이 다른 어떤 이름들보다 현재 사찰의 의미를 잘 드러내기에 '백담사'라는 이름이 최종적으로 확정되었을 것이다. 하지만 더는 화마火魔를 입지 않기를 바랐던 소망과 달리 1783년 '백담사'가 된 후에도 이 사찰은 몇 차례의 화재와 한국전쟁이 불러온 화마를 피할 수 없었다. 우리가 보는 지금의 사찰은 1957년에 재건된 것이다.

'금강문'을 지나서 안으로 들어가 사찰 전체를 보면, 갑작스럽게 터지는 시야에 놀랄 수밖에 없다. 차도 다니지 않는 험한 산자락에 자리한 절 치고는 경내가 널찍하게 가로로 퍼져 있으며 그 배치마저도 평탄하기 때문이다. 게다가 건물과 건물 사이의 간격도 넓으며 깨끗하게 잘 정돈되어 있어서 마치 계획도시를 보고 있는 듯하다. 그런데 이런 광경들 속으로 조그마한 흉상이 눈에 들어온다. 독립운동가이자, 민족시인 그리고 스님이었던 만해 한용운萬海 韓龍雲(1879~1944)의 흉상이다. 한용운은 백담사에서 승려 생활을 시작했다.

님을 사랑한 스님,
만해 흉상·만해기념관

백담사로 들어가 오른쪽으로 경로를 잡으면 곧 만해 흉상을 볼 수 있다. 흉상 아래 쓰여 있는 글귀가 눈에 들어온다. "님만 님이 아니라 기룬 것은 다 님이다." 곱씹어 생각해볼 만한 구절이다. '님'은 우리의 삶에서 만나게 되는 모든 사람을 의미하는 것이리라. 만해 한용운은 1926년 이곳 백담사에서 시집 『님의 침묵』을 탈고했다. 『님의 침묵』에 실린 88편의 시 가운데 가장 유명한 구절인 "님은 갔습니다. 아아, 사랑하는 나의 님은 갔습니다"라는 구절에서 '님'은 부처님과 같은 종교적 절대자, 사랑하는 연인, 조국 등을 상징한다고 알려져 있다. '님'의 부재에 대한 한용운의 강렬한 호소는 그것 자체로 당시 민중들을 사로잡았다. 하지만 그것이 무엇을 상징하든 간에 이 구절에 담긴 깊은 함축과 서정성, 진지한 사유와 고민은 그때나 오늘이나 많은 사람의 심금을 울린다. 그것은 아마도 이 시가 그 당시 당면했던 조국의 현실과 민중의 삶을 고뇌하는 구도자로서 만해의 마음을 깊게 담아내고 있기 때문일 것이다.

자그마한 만해기념관 안으로 들어가면 입구에 만해 한용운의 두상이 우리를 맞이한다. 그 안에는 만해가 살아왔던 행적과 친필 서예들이 전시되어 있다. 만해가 쓴 '풍상세월風霜歲月'과 '유수인생流水人生'이라는 글씨가 마치 그의 삶을 표현하는 것 같다. 나라를 잃고 이를 되찾기 위해 싸워온 그의 삶과 인생무상의 본질을 깨달아 해탈의 길을 걸었던 만해 선사의 고뇌가 드러나는 서예 작품이다. 1939년 7월 12일, 만해 한용운의 회갑 때 지은 즉흥 한시도 보인다. "빛같이 빠르게 지나간 예순한 해, … 물 같이 흐르는 여생 그대여 묻지 마소, 숲속 가득한 매미 소리는 지는 해를 쫓아가는구나."

그래서일까, 만해 한용운의 흉상과 만해기념관을 뒤로하고 발걸음을 옮길 때, 또 다른 역사적 기억이 너무나 대조적으로 중첩되면서 지나갔다. 우리 근현대사에서 빼놓을 수 없었던 백담사의 고즈넉한 풍경들을 오염시킨 순간이 있었다. 바로 1980년 5월 광주를 피로 적시면 권좌에 올랐던 전두환 씨가 1987년 6월 민주항쟁 이후인 1988년 12월 23일부터 1990년 12월 30일까지 이곳에서 유배생활을 했기 때문이다.

독재자로부터 우리에게 되돌아온 사찰,
화엄실·법화실

만해기념관에서 극락보전으로 가는 도중에 화엄실華嚴室이 있다. 화엄은 부처의 모든 행적과 덕을 기리기 위해 온갖 꽃으로 장엄하게 장식한다는 뜻에서 유래한 말이다. 화엄실은 전두환 씨가 이곳에 내려와 생활했던 곳이다. 1987년 6월 민주항쟁 이후 새로운 정권이 들어서고 자신의 죄악과 비리가 차츰 폭로되기 시작하자 전두환은 비난의 화살을 피해 이곳으로 들어온다. 진리의 빛을 상징하는 비로자나불의 화엄이 더러운 죄악으로 혼탁해지는 순간이었다. 이후 이곳에는 전두환의 옷과 유배 당시 사진을 전시해놓고 그가 머물렀다는 안내 문구를 내 걸었다. 민족의 독립을 염원하면서 부처의 자비로 민중의 삶과 고통을 어루만지고자 했던 만해의 모습은 전두환의 흔적이 2019년 12월에 사라질 때까지 우리에게 쉽사리 다가오지 못했다.

일반적으로 사찰에서 승려가 거처하는 공간인 요사채의 이름을 '심검당尋劍堂과 설선당說禪堂' 또는 '선당禪堂과 승당僧堂'이라고 쓰는 반면, 백담사는 화엄실과 법화실로 명명하고 있다. 이런 이름을 사용한 것은 백담사가 선禪보다는 '경經'을 중시하는 사찰이자 화엄경에 통달한 만해가 백담사와 오세암에 머물렀기 때문으로 보인다. 하지만 그런 사찰에 인권을 짓밟은 독재자이자 민주화를 요구하는 수많은 시민을 학살한 자가 들어왔다는 사실은 만해의 삶을 돌이켜볼 때 결코 받아들일 수 없는 사건이었다. 더군다나 그는 이곳 백담사에서 일해日海라는 호를 쓰면서 부처의 삶을 모방하였다. 하지만 '일해日海'는 삼라만상 속에 존재하기를 원했던 '만해萬海'와 처음부터 화합할 수 없는 것이었다.

아미타삼존불을 모신
극락보전

화엄실을 지나면 팔작지붕을 얹은 백담사 극락보전極樂寶殿이 나온다. 많은 사찰이 대웅전을 중심으로 그 주변에 여러 전展을 배치하는 구조를 취하고 있다. 극락보전은 대웅전 다음으로 많이 지어져 있는 건물로서 아미타불阿彌陀佛을 주불로 모신 전각이다. 그래서 아미타불을 주불로 하는 사찰의 경우 대웅전 대신에 극락보전이 있다. 백담사 극락보전의 아미타여래좌상은 조선 시대인 1748년 나무로 만든 불상으로서 현재 보물 제1182호로 지정되어 있다. 극락보전에 들어서자 조

백담사 극락보전

화롭게 자리하고 있는 세 가지 불상이 눈에 선명하게 들어온다. 인자하지만 위엄
있고 평화롭지만 단호한 느낌을 주는 불상들이다.

아미타불을 중심으로 왼쪽에는 관음보살이, 오른쪽에는 대세지보살大勢至菩
薩이 있다. 양쪽의 두 보살을 협시보살이라고 하며 이들 셋을 합쳐 아미타삼존阿
彌陀三尊이라고 한다. 불단의 오른쪽에는 지장보살상과 지장탱화가 있고 왼쪽에
는 신중탱화가 걸려 있다. 본존의 이름인 '아미타'는 원래 무량수無量壽, 무량광
無量光, 즉 '무한한 수', '무한한 빛'이라는 뜻을 가진 산스크리트어인 '아미타유스
(Amitayus)'와 '아미타브하(Amitabha)'를 음차해 한자로 표기한 것이다. 아미타불은
과거 '법장法藏'이라는 보살이었다. 그는 깨달음을 얻어 중생을 구제한다는 48개
의 '원願'을 세우고 자비로운 이타행을 베풀어 대승보살도大乘菩薩道를 이룩한 부처
가 되었다.

아미타불을 보좌하고 있는 관음보살은 아미타불이 가진 '자비의 문慈悲門'을 상징하고, 대세지보살은 아미타불이 가진 '지혜의 문智慧門'을 상징한다. 불교에서 관음보살은 자비로운 부처다. 후불탱화에 그려진 관음보살이 손에 든 활짝 핀 연꽃은 모든 중생이 가진 불성이 깨어남을 의미한다. 대세지보살은 발을 한번 구르면 삼천 대천 세계뿐만 아니라 마귀의 궁전까지 흔드는 힘을 지녔다고 해서 '대세지大勢至'라는 이름이 붙었다. 하지만 극락보전의 그 위대한 보살행도 이 현판이 전두환 씨가 쓴 글씨라는 점을 알게 되면 만감이 교차하는 것은 어쩔 수 없는 일인지도 모른다.

석가삼존불과 함께 하는
나한전

극락보전 오른쪽 약간 뒤편에는 잘 다듬어진 기단 위에 팔작지붕을 가진 전각이 있다. '나한전'이다. 나한은 부처의 제자로서 세상의 존경을 받을 만한 자라는 뜻에서 '응공應供'이라고도 하며, 진리를 깨달아 해탈한 자라는 뜻에서 '응진應眞'이라 하기도 한다. 나한전의 중앙에는 석가삼존상이 있다. 삼존불을 구성하는 데에는 몇 가지 방식이 있다. 이곳의 삼존불은 석가여래釋迦如來를 중심으로, 제화갈라보살提和竭羅菩薩, 미륵불彌勒佛이 양쪽에서 모시는 방식으로 구성되어 있다. 이를 합쳐 석가삼존釋迦三尊이라고 한다.

본존은 불교를 창시한 인도의 성자聖者로, 속세의 이름이 고타마 싯다르타(Gautama Siddhārtha)로, 현재를 의미한다. 반면 제화갈라보살은 석가모니가 아직 성불하지 못하고 수행하고 있을 때, 장차 성불할 것이라는 수기를 준 과거의 부처다. 미륵불은 56억7,000만 년 뒤에 중생을 구제하기 위해 올 미래의 부처다.

부처는 언제나, 어디에나 있다. 세계 어디에나 편재하는 부처는 다양한 모습으로 자신을 드러낸다. 문제는 내 안의 불성을 깨닫지 못하는 것이다. 내 안에 있는 불성은 과거와 현재, 미래의 시간 속에 존재한다. 그 불성을 깨달은 자가 '아라한阿羅漢'이다. '나한'은 '아라한'의 별칭이다. 나한전에는 석가삼존을 중심으로 오백 명의 나한들이 배치되어 있다. 또한, 나한탱화도 있다. 나한은 혹하는 마음을 끊고 탐욕과 증오, 헛된 욕망을 없애고 번뇌에서 벗어나 해탈에 이른 자들이다. 이 경지에 이르면 더는 윤회의 사슬로 들어가지 않는다.

하지만 불가의 보살행은 자신의 해탈만을 추구하지 않는다. 보살행은 깨달음을 얻어 해탈해 피안의 세계로 갈 수도 있지만 본래 중생이 가진 불성을 깨달아 윤회의 고통에서 벗어나도록 이끄는 행위다. 만해는 그 길을 갔다. 그랬기에 그는 세상에 순응하지 않고 맞서 싸웠다. 그가 간 길은 극락보전 벽에 그려진 심우도에 나오는 소와 같다.

만해 한용운은 1944년 6월 29일 성북동에 있는 심우장尋牛莊에서 중풍으로 승랍 49세, 세수 66세로 열반에 들었다. 그가 감옥에서 나온 다음, 친구들은 이곳에 거처를 마련해 주었다. 한데, 성북동 산자락에 있는 심우장은 남향이 아니라 북향이다. 총독부를 등지도록 일부러 북향을 선택한 것이다. 강직했던 그의 성품은 같이 3·1운동을 하다가 변절한 최린과 최남선을 내쫓았을 정도였다. 그에게 '좋은 게 좋다'는 식의 타협은 없었다. 승려로서 그는 이곳에서 '심우도尋牛圖'에 나오는 길을 걸었다. 그는 만해萬海라는 호號 이외에 필명으로 목부牧夫, 실우失牛 등의 이름을 썼다. 목부란 '소를 키운다'라는 뜻이며, 실우는 '소를 잃었다'라는 뜻이다. 불교의 선종禪宗에서 소는 곧 내 마음의 본성을 찾아가는 과정을 비유적으로 표현하는 수단이다.

소를 찾기 시작하여 사나운 소를 길들이고 삼독三毒을 없앤 다음, 마음의 원천

성북동 심우장

인 '심원心源'에 이른 후, 중생구제를 나서는 과정을 10폭의 그림에 담아낸 것이
바로 심우도이다. 불교에서 하는 수행이 마음공부이며, 해탈에 이른 후 궁극적으
로 하고자 하는 일이 중생의 구제임을 보여주고 있다. 하지만 전두환은 삼독에 사
로잡힌 사나운 소였을 뿐이다. 불교에서 삼독은 지나치게 탐하는 욕심인 '탐욕貪
慾', 자기 뜻대로 안 되는 것에 함부로 분노하는 '진에瞋恚'. 현상을 바로 알지 못하
는 어리석음인 '우치愚癡'를 가리킨다. 전두환의 삶은 권력과 돈에 취한 탐욕의 삶
이었고, 정적들을 무자비하게 짓밟은 분노의 화신이었으며, 나라를 도탄으로 이
끈 어리석음의 극치였다.

반면 만해 한용운은 일제강점기에 제국주의 침략에 맞서 자신이 살아가야 할

삶의 본성을 찾기 위해 소를 찾고, 시를 쓰며, 마음공부를 하고, 삼독을 없애고, 심원에 이르는 모든 과정을 민중과 함께 하는 삶을 살았으며, 그 속에서 중생을 구제하고자 하였다. 그렇기에 '일해日海'는 결코 '만해萬海'를 이길 수 없었다. 일해는 그 스스로 태양이 되고자 뭇 중생을 짓밟았으며 그렇게 어리석은 삶을 살았으나 '만해萬海'는 삼라만상에 깃든 부처를 드러내고자 중생을 구제하는 실천에 나섰으며 사람들의 마음에 두고 두고 남는 '불佛'이 되었기 때문이다.

만해 한용운의 삶

백담사는 다른 무엇보다 만해 한용운과 떼려야 뗄 수 없는 장소다. 물론 불교 사찰이라는 의미 역시 중요하겠지만 한국 근현대사에 빼놓을 수 없는 독립운동가이자 종교지도자인 한용운의 삶이 이곳에 녹아 있기 때문이다. 한용운은 1879년 8월 29일 충청남도 홍성에서 출생하였다. 본관은 청주다. '만해萬海'라는 유명한 그 이름은 그의 법호다. 어릴 적에 서당에서 한학漢學을 배우다가 동학의 혁명운동이기도 했던 1894년 갑오농민전쟁에 참가한 것으로 알려져 있다. 1896년에는 설악산 오세암에 들어갔다. 하지만 "좌우간 이 모양으로 산속에 파묻힐 때가 아니라는 생각"을 가지고 이후 만주, 연해주 등지를 돌아다니며 민족의 미래를 모색하였다. 그러다가 1905년 다시 인제 백담사에서 연곡連谷을 스승으로 삼아 승려가 되었다.

일제 강점 이후, 민중 계몽운동에 힘쓰며 독립운동에 앞장섰다. 1919년 3·1 독립선언 당시 민족대표 33인 중 하나로 참여하였다. 이를 계기로 서대문 형무소에서 옥고를 치렀다. 1921년 12월 석방된 이후에도 지속해서 가능한 방식의 민족운동을 모색하였다. 당시 민족주의 운동의 핵심적 내용이었던 물산장려운동과 조선민립대학설립운동을 추진하였으며, 1927년 일제에 대항하는 단체이자 당시 좌우합작의 민족유일당으로 알려졌던 신간회新幹會를 결성하는 데 주도적 역할을 하면서 가장 큰 신간회 경성지회장으로 활동하였다. 1933년 일본의 통치가 더욱 강압적으로 변하게 되자 서울 성북구 성북동 심우장에서 은거하면서 1944년 중풍으로 입적할 때까지 머물렀다.

백담사와의 인연은 특히 그의 저서들과 연계되어 있다. 백담사에서 유신과 개혁을 추진하기 위한 목적 아래 『조선불교유신론朝鮮佛教維新論』(1910)과 『십현담주해十玄談註解』(1925)를 집필하였다. 1926년에는 88편의 시를 모아 시집 『님의 침묵』을 이곳에서 탈고했다. 이렇듯 그의 종교로의 귀의, 구도의 삶, 저술 활동 모두 백담사에 그 흔적이 새겨져 있다고 할 수 있다. 현재 백담사에는 '만해기념관'이 조성되어 있다.

1939년 7월 12일, 만해 한용운의 회갑 때 지은 친필로 쓴 즉흥 한시를 소개한다.

빛같이 빠르게 지나간 예순한 해,
세속에서는 소겁의 긴 세월도 덧없다 하는구나.
세월은 흰머리 짧게 만들었지만,
풍상도 어쩌지 못하니 단심은 영원하구나.

가난에 내맡기고 범골을 바꾸고,
병에 의지하여 묘방을 얻었음을 누가 알랴.
물 같이 흐르는 여생 그대여 묻지 마소,
숲속 가득한 매미 소리는 지는 해를 쫓아가는구나.

03

설악산 깊은 계곡에서
만나는 부처 2
순례자의 길

| 영시암 – 오세암 – 봉정암 – 봉정암 오층석탑

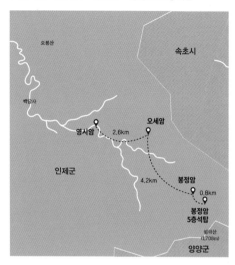

김창흡의 고뇌가 담긴 영시암
부처가 된 동자승, 오세암
순례자의 길에서 만나는 소박한 공간, 봉정암
봉황에 얽힌 부처의 신비, 봉정암 오층석탑

_____ 백담사에 관한 기록은 「설악산심원사사적기雪嶽山尋源寺史蹟記」와 만해 한용운韓龍雲이 편찬한 『백담사사적百潭寺史蹟』에 등장한다. 『백담사사적』은 백담사를 647년 신라 진덕여왕 때 자장율사慈藏律師가 설악산 한계리에 세운 사찰로 설명하고 있다. 그리고 원래 백담사가 아니라 아미타삼존불을 모시고 있는 한계사寒溪寺라는 이름의 사찰이었으며, 창건한 지 50여 년 만에 발생한 불로 소실돼 719년 재건한 것으로 설명한다.

_____ 「설악산심원사사적기」에 따르면 낭천현狼川縣에 있는 비금사琵琴寺에 주변 사냥꾼들이 몰려들어 짐승을 사냥해 산수가 더러워졌다. 그러자 산신령이 하룻밤 사이에 절을 설악산의 대승폭포 아래 현재 한계사 터로 옮겼다고 한다. 아침에 깨어난 스님들이 영문을 몰라 허둥대고 있자 갑자기 관음청조觀音靑鳥가 날아가면서 "낭천의 비금사를 옛 한계사로 옮겼노라"라고 하였다. 이것은 아마도 한계사를 중창할 때 비금사가 옮겨가 합쳐진 것을 설명하는 구전인 듯하다.

_____ 어찌 되었든 한계사는 처음 창건 이후 수차례에 걸쳐 큰 화재를 입어 자리를 옮겨 다시 짓기를 반복하면서 운흥사, 심원사, 선구사, 영취사 등으로 불렸다고 전해진다. 그리고 조선 1775년 현위치에 법당 등의 건물을 중건하였고, 1783년에 백담사로 개칭하면서 오늘날 널리 알려진 유명한 사찰로 전해지고 있다. 몇 번의 화마에도 다시 만들어졌으니 그만큼 우여곡절이 많고 이에 얽힌 이야기도 많다. 게다가 백담사는 설악산의 깊은 계곡을 따라 있는 영시암, 오세암, 봉정암 등의 암자를 거느린 사찰이다. 이 사찰에는 백담사만큼이나 오래된 역사와 삶의 흔적들이 새겨져 있다. 이들 암자에 얽힌 이야기를 따라 설악을 걷는 것은 인생의 애환에 얽힌 부처를 만나는 것인지도 모른다.

김창흡의 고뇌가 담긴
영시암

백담사를 나와 다시 다리를 건너가면 수
렴동계곡을 옆에 끼고 있는 완만한 숲길이
보인다. 누구나 걷기 편안한 그 길로 접어들
어 약 한 시간 정도를 올라가다 보면, 소박한
산사의 풍경과 운치가 느낄 수 있는 '영시암
永矢庵'을 만날 수 있다. 원래 백담사로부터
시작해 오세암과 봉정암으로 가는 산행길은
많은 등산객에게 널리 알려진 유명한 등산
코스다. 특히, 이곳 영시암은 오세암과 백담
사 사이에 있어서 그 산행길에서 반드시 만
나게 되는 중간 쉼터 같은 곳이기도 하다.

삼연 김창흡 초상(© 퍼블릭 도메인)

우리에게 전해오는 사찰의 첫 느낌과 경험은 그곳의 이름에서부터 시작된다.
'백담'도 그러했지만 '영시永矢'라는 이름 또한 특별한 의미를 담고 있다. '영시永
矢'는 '영원한(영원히 쏜) 화살'이라는 뜻이다. 팽팽히 당겨진 활시위를 떠난 화살은
결코 되돌아올 수 없다. 그렇다면 이 영시암이라는 이름을 지은 이는 누구며, 그
는 왜 이와 같은 이름을 지었던 것일까. 역사에 남은 기록들을 보면 영시암의 애
초 모습은 삼연 김창흡三淵 金昌翕(1653~1722)에서 시작된다. 조선 후기의 학자로
서 이름 높았던 김창흡은 이곳 설악의 깊은 산속 여러 암자와 깊은 연관을 맺고
있는 인물이다.

숙종 15년인 1689년은 장희빈이 왕자 윤을 낳음으로써 시작되어 서인이 몰
락하고 남인이 정치 실세로 등장하게 된 '기사환국己巳換局'이 일어난 해다. 기사환

국은 정치사적으로도 중요했지만, 그것이 만들어낸 또 다른 결과들 때문에 더욱 눈길을 끈다. 몇몇 인물들이 그 사건을 계기로 또 다른 삶의 흔적들을 만들어내었기 때문이다. 서인의 거두였던 송시열이 제거되고 당시 영의정이자 거물 정치인이었던 김수항 역시 파직되어 철원으로 유배를 떠나게 된다. 이 김수항이 바로 김창흡의 아버지였다.

그런데 철원 유배에서 자신의 아버지가 죽고 큰형도 사약을 받아 세상을 떠나자 김창흡은 속세와 인연을 끊고 명산 순례에 나섰다. 주위 가족들의 비참한 죽음을 지켜보았던 김창흡은 빼어난 산수절경이 펼쳐진 이곳 설악산 수렴동계곡에 자신의 터를 세웠다. 애초 1698년 백담계곡에 '백연정사'라는 이름의 거처를 지었다가, 불이 나자 1709년 현재의 영시암의 자리에 '삼연정사'라는 이름을 붙인 거처를 새롭게 조성하고 곧 '영시암永矢庵'으로 이름을 바꾸었다고 한다. 17세기 후반 소용돌이 정치판에서 아버지와 형을 떠나보낸 그는 영원히 속세와 인연을 끊겠다는 결연한 의지를 담아 이곳의 이름을 지었다. 어쩌면 그는 여기서 자신의 아픔을 달랠 수 있는 안식을 얻었는지도 모른다.

다시 한번 영시암이라고 쓰인 현판을 물끄러미 바라보니 날아가는 활에 자신의 의지를 담은 그의 비장함이 느껴진다. 그러나 오늘날 이곳 영시암에서 그가 지은 이름을 제외하고 김창흡의 흔적을 찾기는 어렵다. 김창흡은 이곳에서 약 6년간 머물렀으며, 자신을 돕던 찬모가 호랑이에게 물려 변을 당하자 춘천으로 떠났고, 그 뒤 영시암은 주인이 없이 버려졌다고 전해진다. 김창흡이 떠난 이후 폐허가 되다시피 한 사찰을 1751년 설정스님이 복원하였지만, 한국전쟁으로 다시 완전히 폐허가 되었다. 지금의 영시암은 1960년대 후반 당시 백담사의 주지였던 도윤스님이 김창흡의 후손인 서예가 형제 김충현金忠顯과 김응현金膺顯의 후원을 받아 복원한 것으로, 범종루, 영시암, 법당, 삼성각 등으로 구성되어 있으며 보통의 암자보다는 크다. 영시암의 현판은 여초 김응현如初 金膺顯(1927~2007)의 글이다.

부처가 된 동자승,
오세암

영시암을 벗어나 2.5km를 더 올라가면 현재 영시암과 함께 백담사의 부속 암자인 '오세암五歲庵'이 나온다. 오세암으로 가는 길에서 잠시 멈춰 산등선 아래로 내려다보면 어디에나 기암괴석과 울창한 나무들이 보일 정도로 그 산수가 놀랍다. 특히 그런 산수에 둘러싸여 있는 오세암은 남다른 신비로움을 자아낸다. 경내로 들어서자 여느 절에서 볼 수 있는 극락보전, 산신각 등의 전각이 보이는데, 사실 오세암은 선덕여왕 때 세워진 사찰로, 본당인 백담사보다 먼저 만들어졌다. 오세암은 643년 창건되었으며, 원래는 관세음보살이 언제나 함께 있는 절이라는 뜻으로 '관음암觀音庵'이라고 불렀다. 그러다가 1548년, 1643년 다시 두 차례 중건되었는데, 이때 오세암이라는 이름을 얻었다고 한다. 백담사와 연관이 깊은 만해 한용운도 이곳에 머물면서 불교 관련 서적인 『십현담주해』를 집필한 것으로 전해진다. 하지만 한국전쟁의 참화를 이기지 못하고 모든 전각이 불타 없어졌다가 1960년대 후반에 이르러서야 도윤스님에 의해 영시암과 함께 복원되었다고 한다.

그런데 오세암에 가면 다른 절에서 볼 수 없는 독특한 전각이 있다. 그것은 바로 오세암의 유래와 관련된 전설을 담고 있는 '동자각童子閣'이다. 산사의 이름은 그것 자체가 하나의 역사이자 인간들의 소망이 투영된 이야기들을 담고 있는 경우가 많다. 오세암 역시 그러하다. 오세암은 1445년 생육신生六臣의 한 사람이었던 매월당 김시습梅月堂 金時習(1435~1493)이 출가한 곳으로, 전국을 떠돌다가 49세 때 다시 돌아와 기거한 곳이라고 한다. 김시습은 21세인 1455년 수양대군의 왕위찬탈 소식을 듣고 이곳에서 스스로 머리를 깎고 승려가 되어 전국 각지를 유랑하였다. 그래서 오세암이라는 이름 역시 그의 별호別號인 '오세신동五歲神童'에서 유래하였다는 전설이 전해지고 있다.

하지만 오세암과 관련된 보다 특징적인 이야기는 다음과 같다.

"한 중이 부모 잃은 어린 조카를 암자로 데려와 키운다. 아이가 다섯 살 되던 해에 중이 월동 준비를 하기 위해 아이만 암자에 남겨둔 채 마을로 내려간다. 중이 양식을 구해 암자로 가려고 했으나 폭설 때문에 갈 수가 없어서 눈이 녹기만을 기다렸다. 이른 봄, 눈이 녹기 시작하자 중은 서둘러 암자로 올라갔다. 죽은 줄 알았던 아이가 방문을 열고 나왔다. 중이 아이에게 어떻게 살아남았는지 묻자 어머니(관음보살)가 매일 양식을 주었다고 했다. 그때 갑자기 바람 소리와 함께 나타난 백의선녀가 아이의 머리를 쓰다듬으면서 경전을 주고 청조(靑鳥)가 되어 날아갔다. 아이가 오 세에 득도하였다고 하여 암자를 오세암이라고 부르게 되었다."(『한국민속문학사전』, 국립민속박물관)

한없이 나약하기에 보호가 필요한 다섯 살짜리 어린아이가 몇 달 동안 홀로 남겨졌지만 신성한 존재에 의해 보살핌을 받고 끝내 살아났다는 이야기를 곧이곧대로 이해하기는 힘들다. 설화가 전승될 수 있었던 것은 우리들의 상상과 욕망으로 그 이야기를 더욱 풍부하게 만들기 때문이다. 이런 맥락에서 볼 때 오히려 이 이야기는 어린아이의 죽음을 애도하는 것일 수도 있으며 그 아이의 죽음을 통해서 생사병사生死病死의 고통을 극복하고자 했던 것인지도 모른다. 이런 까닭에 오세암의 전설은 1990년 「오세암」이라는 동명同名의 영화로 제작되었고 재해석되었다. 여기서 홀로 남겨진 아이들은 우리가 알다시피 엄마가 있는 '하늘나라'로 떠난다. 현재 오세암의 전각 외벽에는 이와 같은 전설을 그대로 재현한 그림이 그려져 있다.

순례자의 길에서 만나는 소박한 공간,
봉정암

오세암을 나와 약 네다섯 시간 정도를 걸어 올라가야 최종 목적지인 '봉정암鳳頂庵'에 다다를 수 있다. 봉정암은 설악산에 있는 여러 사찰 중에서 가장 높은 곳에 있다. 따라서 그곳까지 가기 위해서는 몸도 마음도 미리 준비해야 한다. 그래서인지 불자佛子들은 백담사부터 영시암, 오세암, 봉정암에 이르는 코스를 가리켜 '순례자의 길'이라고 부른다. 순례자의 길이라는 이름처럼 산행에 많은 경험이 없이는 당일치기 일정이 사실상 힘들다. 암튼 그렇게 걷고 걸어서 도착한 봉정암은 이들 암자 중에서 가장 아담하고 수수하다. 산에 둘러싸여 있는 이곳은 오세암에서 느낄 수 없는 '소박함'을 느낄 수 있는데, 이것은 오랜 산행으로 마음을 비웠기도 하겠지만 산맥의 거대한 바위틈 가운데 움푹 파인 곳에 수줍은 듯 자리를 잡고 있기 때문일 것이다.

봉정암의 역사적 기록은 판본에 따라 조금씩 달라 정확하지 않다. 우선 가장 많이 알려진 이야기는 신라 문무왕 시절인 667년에 원효대사가 이곳에 잠시 머물면서 만들었으며, 고려 중기인 1188년에는 보조국사 지눌이 이 암자를 참배하고 중건하였다는 것이다. 또한 이후 1548년, 1632년, 1870년에 계속된 중건이 이뤄졌다고 전해진다. 하지만 또 다른 기록에 의하면 이 암자는 자장율사가 643년에 진신사리眞身舍利를 봉안하고 창건하였으며, 667년에 원효가 중건하였다는 이야기도 전해지고 있다. 백담사, 영시암, 오세암 그리고 봉정암은 모두 한국전쟁의 화마火魔를 피하지 못했다는 공통점을 가지고 있다. 지금의 봉정암 역시 1980년대부터 복원된 것이다. 백담계곡부터 6시간 정도 올라가야 하는 이 깊은 산 속까지 전쟁의 기운이 뻗쳤다는 사실이 새삼 놀랍게 체감된다.

경내로 들어서면 봉우리 정상으로부터 깎아지듯 흘러내려 온 기암괴석 사이에 자리하고 있는 적멸보궁, 범종루, 객사, 공양간 등의 아름다운 전각들이 선명하게 눈에 들어온다. 그런데 이 절에는 불상이 없다. 봉정암은 부처의 진신사리를 보유하고 있는 '적멸보궁寂滅寶宮'이기 때문이다.

오늘날 봉정암의 명성은 자장율사의 창건 설화에 따른 것이다. 부처의 진신사리를 가지고 귀국한 자장율사는 이를 모실 길지吉地를 찾아 전국을 순례하였다. 그러던 어느 날 그는 아름다운 빛을 내는 봉황을 보고 이를 쫓기 시작한다. 이렇게 그는 몇 날 며칠을 쫓아다녔다. 그런데 하루는 봉황이 어느 높은 봉우리를 만나 이를 선회하다가 갑자기 어떤 바위 앞에서 자취를 감추어 버렸다. 자장이 가서 살펴보니 그 바위가 부처의 모습을 하고 있었는데 봉황이 사라진 그곳이 바로 부처의 이마에 해당하는 부분이었다. 이에 자장은 부처의 형상을 한 그 바위에 진신사리를 봉안한 뒤 사리탑을 세우고 암자를 짓고 이를 봉정암이라고 칭하였다고 한다.

봉황에 얽힌 부처의 신비,
봉정암 오층석탑

법당 옆에 있는 바위 위에는 보물 제1832호로 지정된 '봉정암 오층석탑'이 있다. 이 탑은 자장이 사리를 봉안하였던 때보다 훨씬 후대의 양식을 보여 고려 시대의 것으로 추정된다. 그래서일까? 진신사리탑에는 아주 오랜 세월의 흔적이 고스란히 배어 있는 것처럼 느껴진다. 불자들에게 이 탑은 부처의 뇌 사리를 봉안하였다고 하여 '불뇌보탑'으로도 불린다고 한다. 가까이 다가서니 기단基壇이 없는 독특한 구조가 우선 조금 투박하게 느껴진다. 석탑은 원래 기단부, 탑신부, 상륜부의 3부분으로 구성되는 것이 일반적인 특징인데, 봉정암 오층석탑은 특이하게도 기단부를 따로 조성하지 않고 자연의 암반 위에 그냥 탑신을 안치했다. 그래서 인지 애초 느꼈던 투박한 느낌이 금새 사라지고 거대한 암반을 뚫고 탑이 자연스 럽게 자란 것처럼 보여 어떤 경외감마저 불러온다. 탑신 자체는 잘 정제되어 조화 를 이루고 있는 오층석탑이다.

많은 절의 창건 설화가 자장율사와 연계되는 데는 그가 당나라에 7년을 유학 하였다는 조건, 부처의 진신사리를 가지고 왔다는 것 등에서 연유할 것이다. 어 찌 됐건 일반인들은 쉽게 오를 수 없는 이곳 험준한 계곡의 거의 마지막에 이르 러 부처의 진신사리가 쉴 공간을 찾았다. 해발 1,244m라는 쉽게 오르기 힘든 고 도에 자리한 높이 4.6m의 봉정암 오층석탑은 현재 국내 석탑 중 가장 높은 지점 에 있는 석탑으로 알려져 있다. 가까이서 보니 기단부 역할을 하는 자연 암석에 연꽃이 조각되어 있었다. 자연스레 이 꽃잎이 탑 전체를 받치고 있는 모양새라 아 주 뛰어나지는 않지만, 신비한 느낌을 준다. 부처의 진신사리가 놓여 있다고 생각 하니 더욱 알맞은 조각처럼 보인다.

잠시 앉아 생각을 다듬으니 곧 다른 생각들이 들어오기 시작한다. 설악의 험 준한 봉우리 사이로 세차게 몰아치는 비와 바람에 조금씩 자신의 살을 내어준 외 로운 탑 하나가 우리의 마음속으로 들어온다. 그리고 부처의 이름보다 거대한 자 연과 하나가 되어 그 자리를 지키고 있는 탑이 마침내 눈에 들어온다. 부처의 사 리가 있기에 어떤 사람들에게는 이 탑이 경외의 대상이었을 것이다. 하지만 얼마 나 많은 이들이 험난한 길을 지나 이 탑에 찾아와 자신들의 소망을 빌고 인고의 삶을 견디어냈을까를 생각하니 그 경외감은 다른 쪽으로 향하게 된다. 이 탑에서 우리가 느끼는 진짜 경외감은 부처의 사리보다도 그 세월의 무게를 이겨내면서 묵묵히 사람들의 애환을 같이 했다는 점에 있는 것인지도 모른다.

속세의 어려움과 회환, 삶의 고통과 아픔을 견뎌내기 위해 많은 순례자가 깊 고 깊은 계곡까지 자신들의 몸을 이끌고 왔을 것이다. 그리고 마침내 지쳐 쓰러질

봉정암 오층석탑(ⓒ 문화재청)

즈음. 이곳에 도착하여 자애로운 부처의 품에 그들의 속마음을 내보이고 치유와
자비의 손길을 기대하였을지도 모른다. 그들은 과연 평화로움에 안착하였을까.
아마 그랬을 것이다. 하지만 그러한 해탈이 결코 부처의 자비로만 이뤄진 것은 아
니리라. 여기로 오기까지 자연과 호흡하고 자신들을 성찰하면서 마음을 비우는
걸음걸음들이 그들을 해탈로 인도하지 않았을까.

애니메이션 오세암

오세암과 오세암에 얽힌 설화와 관련되어선 영화 「오세암」 이외에도 아동 대상의 애니메이션인 「오세암」(2003, 감독 성백엽)이 있다. 아동문학가 고故 정채봉 작가의 동화 「오세암」을 원작으로 제작되었으며 2004년 칸 영화제, 안시 국제애니메이션 페스티벌 등에서 수상했다. 앞 서 말한 설화의 내용을 차용했으나 불교의 종교성 내지 신성함에 주목하기보다 엄마를 그리워하는 아이들의 정서에 초첨을 맞춰 보편적인 공감을 얻고자 한 작품이다. 특히 설화에서는 없는 시력을 상실한 누나를 등장시켜 심청전과 같이 한국 설화의 일반적인 전개와 연결성을 갖추도록 했다. 한국적인 소재, 한반도의 아름다운 풍경과 표현, 스토리가 건네주는 풍부한 정서, 캐릭터의 성격 등이 인상적이다. 이런 특성들을 인정받아 현재에도 웰메이드 애니메이션으로 평가받고 있다.

04

경순왕·마의태자·동학교도의
마음이 흐르는 합강

| 마의태자권역 – 갑둔리 오층석탑 – 갑둔리 삼층석탑
– 동경대전 간행터 – 인제향교 – 상동리 삼층석탑 및
석불좌상 – 합강정 – 합강정 중앙단 – 한국DMZ평화
생명동산

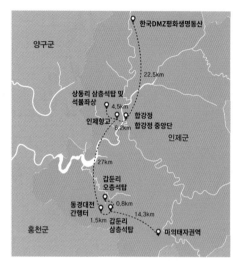

마의태자권역, 마을의 수호신 김부대왕
갑둔리 오층석탑과 삼층석탑, 두 개의 상징
동경대전 간행터, 역사의 물줄기가 되다
인제향교, 권력과 함께 한 부침의 역사
상동리 삼층석탑–석불좌상, 오래된 미륵의 염원
합강정, 비움으로써 다름을 받아들인다
합강정 중앙단, 죽음 앞에서의 평등과 애도의 보편성
한국DMZ평화생명동산, 작은 물줄기들이 만드는 평
화의 길

_____ 마의태자麻衣太子를 기억하는가? 극도로 혼란했던 후삼국 시기, 왕건이 이끄는 고려가 패권을 장악하자 신라의 경순왕은 항복을 결심한다. 그러나 그의 아들 마의태자는 아버지의 결정을 받아들일 수 없었다. '망국의 태자'라는 마의태자의 운명과 관련된 각종 설화는 이 순간 이미 태어나고 있었던 것인지도 모른다. 『삼국사기』에 따르면 신라가 망한 후, 그는 삼베옷을 입고 금강산으로 들어가 초근목피로 연명하다가 생을 마감했다고 한다. 인제에는 이런 마의태자에 관련된 이야기들이 많이 남아 있다.

_____ 강원도 인제군 남면 갑둔리도 그런 곳 중 하나다. 진陣을 친다는 뜻의 한자어 '둔屯' 자를 사용하는 갑둔리에는 '항병골', '군량리' 등 군사 주둔과 관련된 지명들이 많이 남아 있다. 그런데 이들 지명은 마의태자가 이미 망한 신라를 다시 일으켜 세우기 위해 이곳에 숨어 군사를 육성했다는 이야기들과 연결되어 있다. 또한, '김부리'처럼 경순왕이나 마의태자와 연관된 다른 지명들도 함께 전해지고 있다. 그렇기에 이곳은 신라의 패망과 관련된 '한恨의 정서'를 담고 있는 곳이 많다.

마의태자권역,
마을의 수호신 김부대왕

인제에는 마의태자를 '김부대왕金傅大王'이라 하여 마을의 수호신으로 모신 곳이 많다. '김부대왕'은 경순왕을 지칭하기도 하지만 맥락에 따라 마의태자를 지칭하는 단어가 되기도 한다. 아마도 마의태자가 이곳 인제에 머물렀다는 전설이 지속해서 영향을 미쳤던 것으로 보인다. 물론 학계에는 인제에 머물렀던 마의태자가 역사상 실제로 존재했던 바로 그 마의태자라는 주장과 아니라는 주장이 모두 존재한다. 하지만 그 어느 것이 진실이든, 확실한 것은 마의태자 이야기가 이곳에 강하게 남아 있다는 점이다.

심지어 과거에는 왕래가 어려웠을 정도로 첩첩산중이었던 이곳의 산골 사람

마의태자사당

들은 마의태자를 그 당시 가장 중요한 존재 중 하나였던 '마을의 수호신'으로 삼았다. 현재 이곳에 가면 '마의태자권역'과 '추모비'가 있다. 근처 네 곳의 마을 사람들이 힘을 모아 만든 것이다. 대세를 거스르지 않고 신라 왕실의 안위를 보존하면서 전란에서 벗어나고자 항복을 선택했던 경순왕이든, 과거 신라의 영광을 버릴 수 없었고, 그렇기에 어떻게든 고려에 맞서 저항하고자 했던 마의태자든 간에 이것들은 이곳 사람들의 마음이 패망한 신라의 비극적 운명과 공명共鳴한 결과인지도 모른다.

갑둔리 오층석탑과 삼층석탑,
두 개의 상징

마의태자권역에서 북쪽으로 올라가면 한적한 도로변 숲속에 홀로 자리한 '갑둔리 오층석탑'이 있다. 이는 '김부 오층석탑'으로 불리기도 한다. 탑의 기단基壇에 적힌 발원문에 '김부金富'라는 글귀가 포함되어 있기 때문이다. 『삼국유사』에서는 신라 경순왕을 '김부대왕金傳大王'이라 칭했다. 그런데 갑둔리에서는 김부대왕을 모시는 제사를 지냈다고 한다. 그래서 한자는 다르더라도 발음이 같은 '김부'가 곧 경순왕을 가리키는 '김부대왕'에 중첩되면서 이를 같은 것으로 해석하는 사람들이 많다. 김부가 경순왕인지는 알 수 없지만, 갑둔리 사람들의 마음이 그에 대한 연민으로 이어져 있음을 엿볼 수 있는 대목이다.

인제를 여행하는 평범한 사람들에게 마의태자에 관한 전설이 사실인지 아닌지 따지는 것은 별로 의미가 없다. 이야기를 전하는 사람들의 기억 속에서 경순왕과 마의태자는 서로 다름에도 불구하고 공명하기 때문이다. 그것은 망국亡國의 왕족王族으로서 패망한 나라의 '한恨'을, 한때는 찬란했지만 지금은 사라져버린 것에

갑둔리 오층석탑   갑둔리 삼층석탑

대한 향수郷愁를 공유한다. 지상의 모든 것은 흥망성쇠를 겪는다. 그렇기에 그 후
로도 인제의 백성들은 자신들의 소망을 빗대어 이름과 이야기를 만들고 말과 글
로 세대를 이어갔다.

 갑둔리 오층석탑에서 빠져나와 남쪽으로 발걸음을 옮기면 어론초등학교의 옛
갑둔분교터가 나온다. 그리고 그곳에서 약 700m 정도 떨어진 곳에 석탑이 하나
있다. 고려 시대 만들어진 것으로 추정되는 갑둔리 삼층석탑이다. 이 석탑은 두툼
한 처마가 완만한 곡선을 이루다가 네 귀퉁이에서 힘껏 치켜 올라간 지붕돌을 가
지고 있다. 고려 시대 석탑의 전형적인 양식을 보여준다. 신라를 무너뜨리고 삼국
을 통일한 고려 또한 신라 천년의 역사가 그러하였듯이 세월의 무게를 견뎌낼 수
는 없었다. 고려는 결국 패망했고, 이곳에는 석탑만이 남았다. 현재의 석탑에는 2
층의 지붕돌과 3층의 몸돌이 없다. 그런데도 사람들은 남은 탑을 수습해서 기념

하고 있다. 과거의 찬란했던 왕조는 사라져도 이 땅에 살았던 삶의 자취는 이렇게 남는가 보다.

동경대전 간행터,
역사의 물줄기가 되다

특정한 시대를 관통해 세상을 만들어가는 것은 대지에 뿌리를 박고 생활을 일구는 민초들의 삶이다. 갑둔리 351번지, 375번지에 있었다고 전해지는 '동경대전 간행터'는 2016년 12월 2일 강원도 기념물 제89호로 지정되었다. 그런데 직접 찾아가 보면 이에 걸맞은 대우를 받지 못하고 있다는 것을 느낄 수 있다. 지도상으론 위치가 맞지만 아무리 둘러봐도 도로 옆 빈터엔 우거진 수풀밖에 보이지 않기 때문이다. 주거지와도 멀리 떨어져 인적이라곤 전혀 없는 곳이다. 그 흔한 표지판이나 팻말 하나 보이지 않고 보호시설 같은 것도 없다.

지방의 대표적인 콘텐츠로 조성하고 있는 마의태자권역과 비교해보면 아직도 우리는 권력자들의 역사로부터 한치도 빠져나오지 못한 것처럼 느껴져 실망스럽기 그지없다. 다시 차로 돌아가 그때의 그 사람들을 상상해본다. 예전엔 험하고 깊은 산골이었던 이곳을 말로 전해 듣고 삼삼오오 찾아들었던 동학교도들. 그들은 각자 나름의 '한恨'이 서린 이야기를 하나쯤은 가지고 있었을 것이다. 그렇기에 그들은 새로운 희망을 만드는 삶을 꿈꾸면서 서로의 한을 보듬고 그것을 극복하고자 하였을 것이다. 마치 작은 물줄기들이 모이고 합쳐져 합강이 된 것처럼.

『동경대전東經大全』은 동학의 교조 수운 최제우水雲 崔濟愚(1824~1864)가 지은 동학東學의 경전이다. 1860년 최제우가 제창한 종교적 성격의 융합적 사상인 동학은 '광제창생廣濟蒼生 포덕천하布德天下', 즉 고통스러운 삶을 사는 백성을 널리

구하기 위해 천하에 덕을 베푼다는 뜻에서의 사상을 펴고자 했다.

인내천人乃天, 즉 '백성이 곧 하늘'이라는 기치가 보여주듯이 그의 사상은 백성들의 마음을 사로잡았고, 평등을 향한 열망을 일깨웠다. 경상도, 전라도, 충청도와 경기도까지 교세가 확장되자 조정은 1864년 '사도난정邪道亂正', 즉 사악한 도로 바름을 어지럽힌다는 죄목을 들어 최제우를 잡아들여 처형했다. 그들이 보기에 자신들과 평등한 관계를 꿈꾸는 것 자체가 '사악한 죄'였던 셈이다.

하지만 특정한 사상과 믿음이 세력을 얻는 것은 지도자 한 사람 때문이 아니다. 사람들의 마음이 모여들어 거대한 흐름이 만들어진다. 2대 교주 최시형은 1880년 5월 이곳 인제군에 있던 김현수金顯洙의 집에 경전 간행소를 세우고 최제우의 가르침과 사상을 모아 『동경대전』을 간행했다. 지배자들은 최제우를 처형할 때, 그의 저서도 불태웠으나 '보국안민輔國安民 광제창생廣濟蒼生', 즉 '나라를 도와 백성을 편안케 하고 널리 백성을 구제'하고자 하는 마음은 어찌할 수 없었다. 『동경대전』 편찬 이후, 동학은 더욱 널리 교세를 확장했고 한반도 역사상 최초의 근대적인 혁명인 갑오농민전쟁의 사상적 기반이 되었다.

1891년 1월 고부 군수 조병갑의 학정에 대항해 민중봉기를 일으킨 농민군은 황토현에서 전주감영군을, 황룡시 전투에서 장위영병의 선발대를 격파한 이후, 전주성을 점령하고 조정에 폐정개혁안을 요구하기에 이른다. 조정은 이를 거부했다. 이에 농민군은 직접 전라도 53주에 집강소執綱所를 설치하고 개혁사업을 직접 추진하는 운동을 벌였다. 하지만 그들은 일본과 서양 등의 제국주의적 침탈에 대한 반대뿐만 아니라 봉건적인 신분제에 기초한 수탈에 대한 비판 및 신분제의 전면적 폐기를 제기하였다는 점에서 조선 왕실과 양반 지주들의 분노를 샀다. 그리고 조선 왕실과 지배자들은 그들의 기득권을 지키기 위해 외세와 결탁하는 것도 서슴지 않았다.

1894년 9월 일본제국주의의 침략에 대항하기 위해 공주를 향해 북상하던 남접·북접 연합군은 우금티 등지에서 약 20여 일간 일본군—관군 연합군에 맞서 싸웠으나 일본군의 기관총 앞에서 속수무책이었다. 비록 갑오농민전쟁은 실패했지만, 그것의 사상적 기반이 되었던 '인내천' 사상은 지금도 살아남아 있다. 또한, 그들의 운동은 대원군과 민씨 일파들이 권력을 놓고 다투고 있을 때, 진정 한반도가 가야 할 근대로의 길을 보여주었다. 이런 점에서 갑둔리의 동경대전 간행터는 아주 외진 곳이었지만 역사의 거대한 물줄기로 나아갈 길을 보여주는 '발원지'와 같은 곳이었다.

인제향교,
권력과 함께 한 부침의 역사

'인제향교'는 1610년에 처음 세워졌다. 1615년과 1804년에 각각 서쪽과 동쪽으로 자리를 옮겼다. 1930년에는 대홍수가 일어나 수해를 당했고, 1934년 인제군청 인근인 현재의 위치로 이전되었다. 이후로도 인제향교의 수난은 그치지 않았다. 한국전쟁으로 대성전大成殿을 제외한 모든 건물이 불타버렸다가 휴전 이후인 1954년에 다시 명륜당明倫堂이 세워졌다. 지금의 향교는 1966년 대대적인 보수를 거쳐 만들어진 것이다.

향교는 국가에서 지방민의 교화와 유교 현인들에 대한 배향配享을 위해 세운 것으로, 조선 시대에는 사실상의 지방 교육기관이었다. 사람들은 이곳에서 선학先學의 가르침을 배우고, 그들의 발걸음을 통해 나라를 경영하고 국가를 통치하는 능력을 갈고닦는 데 전력을 다했다. 하지만 일제강점기와 전쟁을 겪으면서 지방의 많은 향교가 철거되거나 소실되었다. 사라진 향교를 다시 세우기 시작한 것은 산업화가 가속화되던 1960~70년대였다. 당시 정부는 국민이 '조국의 근대화'라는 '역사적 사명'에 충실하게 복무하는 종복이 되도록 '충忠'이라는 과거 조선의 통치이념을 다시 불러들이는 사업을 대대적으로 전개했다.

인제향교

그렇다면 오늘날 향교는 우리에게 어떤 의미로 남아 있는 것일까? 이제 향교는 더는 조선의 성리학을 전파하는 곳도, 유신의 역사적 사명을 설파하는 곳이 될 수 없다. 권력도, 그 권력이 생산하는 이념도 시간 속에서 사라진다. 그렇다면 왜 우리는 향교를 보존하는 것일까? 그것은 과거를 기억하려고 하는 사람들의 마음이 있기 때문이다. 하지만 그 마음은 유신의 망령이 불러온 봉건적인 '충효忠孝'의 이념을 되살리기 위한 것이 아니다. 오히려 그것은 민주화된 나라에서 더 평등하고 자유로운 삶을 꿈꾸기 위해서이다.

상동리 삼층석탑-석불좌상,
오래된 미륵의 염원

더 평등하고 자유로운 삶에 대한 꿈은 인류 보편의 염원이다. 그러나 세상의 풍파는 절대 녹록지 않다. 그래서 사람들은 이 거친 세상이 아니라 상상 속의 유토피아적인 세계를 꿈꾼다. '미륵신앙彌勒信仰'도 그렇다. 미륵신앙은, 석가모니가 열반한 다음 56억 7천 만 년이 흐른 뒤, 도솔천兜率天의 미륵보살이 중생을 구제하기 위해 이 땅으로 와서 이곳을 유토피아로 만든다는 신앙이다. 철원의 도피안사到彼岸寺에 있는 철로비로자나불鐵造毘盧遮那佛이 대표적이다. 이곳에도 비로자나

불로 추정되는 석불좌상이 있다. 비로자나불은 오른손으로 왼손 검지를 감싸 쥔 '지권인智拳印'을 하고 있다. 이곳의 석불좌상도 그러하다.

하지만 이곳 백련정사白蓮精寺에 있는 상동리 삼층석탑과 석불좌상은 본래 여기에 있었던 것이 아니다. 원래는 강원도 인제군 남면 신남리의 한 암자에 있었다. 그런데 소양강댐을 건설하면서 이 지역이 물에 잠겼고, 1972년 12월 23일에 이곳 백련정사로 옮겨왔다. 상동리 삼층석탑은 갑둔리 삼층석탑처럼 경사가 급하고 모서리가 약간 올라간 형태를 하고 있다. 이로 보아 상동리 삼층석탑도 고려시대의 석탑으로 추정된다. 상동리 삼층석탑도 세월의 풍파를 견디지 못하고 여기저기 부서지고 낡았다. 하지만 미륵세상을 소원하는 민초들의 마음만은 오랜 세월 동안 내려앉은 곳에 다시 덮어 쓴 세월의 때가 지닌 색깔만큼이나 깊은 여운을 남기며 흐르고 있다.

합강정,
비움으로써 다름을 받아들인다

상동리 삼층석탑에서 다시 남쪽으로 내려가면 커다란 강변과 함께 '합강정'이 나온다. '합강合江'은 말 그대로 두 개 이상의 하천이 만나서 합쳐진合 강江이다. 합강정 정자에서 아래를 내려다보면 북쪽으로 흐르는 하천이 남쪽에서 흐르는 하천과 합쳐지는 절경을 볼 수 있다. 북쪽의 하천이 '인북천', 남쪽의 하천이 '내린천'이다. 합강정은 인제에서 가장 먼저 지어진 정자라고 알려져 있다. 하지만 합강정은 합강의 지닌 통합의 흐름, 두 개의 물줄기를 받아들여 만들어진 커다란 강의 평온함과 달리 헐리고 다시 세워지기를 반복하는 '평지풍파平地風波'을 겪었다.

1676년 처음 세워진 합강정은 소실되었고, 1756년에 다시 중수되었다. 하지만

합강정

이때 다시 지어진 정자는 200년을 채우지 못하고 한국전쟁의 포화 속에서 다시 소실되고 말았다. 터만 있던 곳에 콘크리트 누각으로 다시 세운 것은 1971년이었다. 그러나 이 세 번째 합강정도 오래 가지는 못했다. 1996년 국도 확장공사 당시 길을 내기 위해 철거했기 때문이다. 현재의 합강정은 1998년 만든 것으로, 목조에 2층 누각 형태를 하고 있다. 비록 위치는 바뀌었어도 합강정은 합강정이다.

인제의 합강정은 이 땅에서 살아간 사람들처럼 고난과 역경을 이기면서 살아온 역사를 보여준다. 합강정은 과거와 같은 모습으로 살아남을 수는 없었다. 하지만 그 이름과 함께 의미만은 사라지지 않았다. 두 개의 강줄기를 이어 하나의 마음을 만드는 합강의 의미는 1676년의 합강정에도, 1998년의 합강정에도 여전하다. 누각에 올라서서 도도히 흐르는 강을 보고 있노라면 합강이 주는 느낌과 의미는 뚜렷하기 때문이다. 합강의 넓은 강폭은 자신을 비워 서로 다른 두 줄기의 물길을 받아들인다. 그렇기에 합강의 큰 물줄기는 서로 다름을 배척하지 않고, 받아들이는 '비움'의 산물인지도 모른다.

합강정 중앙단,
죽음 앞에서의 평등과 애도의 보편성

그래서일까? 합강정 바로 옆에는 '중앙단中央壇'이라고 불리는 제단이 있다. 조선 시대 각 도에 창궐하던 전염병이나 국가적 재난인 가뭄을 막기 위해, 또 억울하게 죽거나 제사를 받지 못하는 귀신을 모셔 제사를 지내는 '여제厲祭'를 위해 설치된 것이다. 기록에 따르면 강원도의 중앙단은 옛 합강정 뒤편에 있었는데 당시 중앙단은 1910년경에 소실되었다가 2001년에 현재 합강정의 위치에 맞춰 복원되었다. 귀신이 자유로이 오갈 수 있도록 사방으로 출입문을 낸 중앙단은 가운데 제를 올리는 제단이 있고, 그 제단으로 올라가는 계단 주위에 담장을 두르고 있다.

사실, '여귀厲鬼'는 불행하게 죽은 귀신으로, 제사마저 지낼 줄 사람이 없고, 그렇기에 한이 쌓여 사람들에게 해코지하는 귀신들이다. 그렇기에 그들의 악惡은 그들 자신이 아니라 세상이 만든 것이다. 사랑을 전혀 받지 못한 사람은 악해질 수밖에 없다. 귀신도 마찬가지다. 여제에 대한 기록은 역사적으로 중국의 주나라까지 소급된다. 『예기禮記』에는 주나라의 천자, 제후, 대부 등이 행하는 여제들에 대한 기록이 나온다. 조선 시대에도 각 도의 중앙에 제단을 만들어 가뭄이 극심할 때나 심한 전염병이 돌 때 고을의 수령들에게 제사를 지내게 하였다.

치수治水 대책이 미비했던 과거엔 가뭄이 들면 쉽게 해갈되기 어려웠고, 인간의 힘을 벗어난 곳에서 오는 것으로 여겨졌던 돌림병은 재앙 그 자체였다. 사람의 목숨이 전적으로 자연의 힘에 달린 상황에선, 하늘의 여러 잡신에게 제를 올려 엄습하는 재앙의 공포에서 벗어나는 것이 더 긴요할 수 있다. 하지만 보다 더 중요한 것은 우리네 삶에서 소중하지 않은 생명이 없으며 죽어도 좋은 생명은 없다는 점이다. 그들 모두의 죽음은 그들이 누구이며 어떤 삶을 살았든 '애도'의 대상이다. 그렇기에 매년 10월이 되면 지금도 인제 사람들이 합강정 중앙단에서 '합강문화제'라는 이름으로 귀신들의 한을 달래는 제사를 지내고 있는 것인지도 모른다.

한국DMZ평화생명동산,
작은 물줄기들이 만드는 평화의 길

합강을 이루는 두 물줄기 중 인북천을 따라 올라가면 '한국DMZ평화생명동산'을 둘러볼 수 있다. 분단과 전쟁을 상징하던 DMZ에서 역사의 교훈을 배우고 가르치며, 평화를 만들어가고자 만든 교육·체험 공간이다. DMZ가 가로지르는 땅인 인제의 상처를 딛고 일어나 한반도와 세상의 평화를 이룩하고자 하는 사람들에게는 안식처 같은 곳이다. 그 상생의 화합은 단지 사람들 사이에만 있는 것이 아니다. 한국DMZ평화생명동산에서는 전력과 난방을 위해 태양열 및 지열을 사용하고 빗물과 생활용수를 순환시켜 에너지를 얻고 있다. DMZ에서 꿈꿀 수 있는 평화로 나아가는 길은 인간과 인간의 갈등을 넘어서는 것일 뿐만 아니라 인간과 자연을 포괄하는 생명의 나눔이기도 하다.

그렇기에 인제에는 사람들의 마음과 마음이 포개져 만들어진 '부분들의 합'보다 더 큰 '하나'를 이루어갔던 곳들이 있다. 가치 판단의 기준은 서로 달랐지만 결국 삶의 무게가 준 '책임'을 지고자 했던 경순왕과 마의태자, 목판을 파고 종이로 찍으며 쉼 없이 도를 닦았을 갑둔리의 동학교도들, 억울하고 소외된 죽음이 남긴 한을 풀어줌으로써 모든 죽음을 차별 없는 애도의 대상으로 만들었던 중앙단은 자신을 채움으로써 품는 '합강'처럼 한국DMZ평화생명동산에서 만나 '평화'의 염원이 되고 있다. 그렇게 오늘도 대지를 적시며 합강으로 모여드는 작은 물줄기들은 생명력 넘치는 평화의 길을 조금씩 만들어 가고 있다.

합강정 뒤편의 '합강미륵'

합강정 뒤편으로 가면 작은 누각 안에 '합강미륵合江彌勒'이라 불리는 미륵불상이
있다. 작고 볼품없는 미륵불상이지만 그래도 재미있는 내력이 있다. 다음과 같은
설화가 전해져 내려온다.

옛날에 박명천이란 나무장수가 있었다. 어느 날 그의 꿈에 한 백발노인이 나
타나 '내가 이 강물 속에 묻혀 있으니 나를 꺼내 달라'고 애원했다. 기이하게 여긴
박명천은 헤엄을 잘 치는 김성천에게 부탁하여 물속을 살펴보게 했다. 그랬더니
여섯 척이나 되는 돌기둥이 광채를 띄고 있었다. 이에 박명천은 돌기둥을 건져내
어 미륵불을 만들고 바로 이곳 누각에 모셨다. 그 후로 박명천은 만사형통萬事亨
通, 모든 일이 잘 풀려 이름난 거부巨富가 되었다.

이야기 자체야 아마도 사람들이 만들어낸 것이겠지만, 미륵불상은 마치 어린
아이가 만든 듯이 형체가 모호해 오히려 신비감을 자아내고 있다.

합강정 미륵불상

인제 뗏목 아리랑

인제는 옛날부터 임업이 발달한 지역이었다. 인제에서 생산된 나무는 우수하고 질 좋은 목재로 평가받아 한양으로 운반하는 일이 많았다. 험준한 산 속에서 원목을 운반하기에는 물길이 제격이었다. 설악산, 대암산 등지에서 벌채한 원목은 내린천으로, 점봉산, 방태산 등에서 벌채한 원목은 인북천으로 띄워 보내졌다. 뗏목꾼들은 이곳 합강 나루터에서 각각의 나무들을 수거한 뒤 떼를 엮어 북한강을 따라 춘천과 서울로 갔다. 합강에서 춘천을 거쳐 서울까지 가는데 일주일에서 보름이 걸렸다고 한다. 1943년 청풍댐 준공 이후 물길이 끊어지면서 뗏목꾼들도 사라졌다. 하지만 그들이 뗏목을 타며 부르던 옛 노래는 아직도 남아 있다. 인터넷으로 내려받아 한 번 들어보자. 한국콘텐츠진흥원에 남은 노랫가사는 이렇다.

우수나 경칩에 물 풀리나
합강정 뗏목이 떠내려간다
창랑에야 뗏목을 띄워나 노니
아리랑 타령이 절러 난다
합강정 뗏목이 많다고 하되
경오년 포락에 다 풀렸네
뗏목을 타고서 하강을 허니
광나루 건달들이 날 반겨한다

05 ———

영욕의 세월을 품고
삶을 치유하는 설악의 숨결

| 필례계곡 – 한계령 – 소승폭포 – 인제 한계사지 – 한
계사지 북삼층석탑 – 한계사지 남삼층석탑 – 대승폭
포 – 한계산성 – 설악산 십이선녀탕

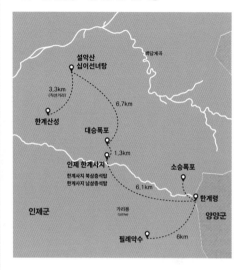

필례계곡, 시공간을 뛰어넘는 어긋난 인연의 만남
한계령, 구름 몰고 다니는 바람꽃이 피는 곳
소승폭포, 작은 폭포들의 향연
한계사지-북·남삼층석탑, 통일신라의 기억
대승폭포, 사랑의 별빛이 쏟아지는 폭포
한계산성, 망국의 한을 품은 설악
십이선녀탕, 지친 삶을 치유하는 연못

_____ 그 이름과 같이 기린의 굽처럼 굽이치는 강을 품고 있는 인제麟蹄는, 인간의 발길로는 가늠하기 힘들 정도로 깊은 첩첩산중으로 이루어진 산골이다. 산이 깊으면 물이 많고, 굽이치는 계곡과 개울이 많다. 한반도의 동쪽에서 솟구쳐 오른 백두대간은 한반도의 등뼈가 되었고 동쪽 바다를 향해 급격하게 내려간 산맥은 깊고 깊은 바다를 만들었다. 거기에 북쪽의 금강산은 남쪽의 설악산과 이어져 동쪽 끝을 대표하는 '극동의 절경'을 만들어냈다.

_____ 인제에서 시작되는 설악산은 고성 바닷가로 뻗어나가 깎아지른 험준한 산맥을 이루고, 기암괴석들로 솟구쳐 오른 산봉우리들은 백두대간의 중간 허리에서 절정을 이룬다. 인제가 첩첩산중 오지일 수밖에 없는 것은, 동쪽으로는 설악산을 중심으로 한 백두대간에, 북쪽으로는 금강산을 중심으로 한 백두대간에 둘러싸여 있기 때문일 것이다. 그래서 서쪽에서 인제로 들어가면 끊임없이 이어지는 산중에 갇혀버린 느낌을 받는다.

_____ 하지만 그런 산중에서도 사람들은 '길'을 만든다. 아주 오래전부터 사람들은 가장 북쪽의 진부령에서 시작하여 미시령과 남쪽의 한계령까지 설악산을 넘나드는 길을 만들었다. 어떻게 찾았는지 모르나 사람들은 설악의 높은 봉우리들 사이사이로 난 낮은 고개를 발견하고 그 고개를 넘는 길을 냈다. 하지만 거기에 낸 것은 길만이 아니다. 사람들이 길을 내면 그곳에는 삶의 자취도 남는다. 그리고 이제 우리는 그 길에서 과거와 오늘을 잇는 설악의 숨결을 느낀다.

_____ 설악산 서남쪽 끝자락에 자리 잡은 '필례계곡必曳溪谷'에서 시작하는 설악의 숨결은 '한계령寒溪嶺'과 '소승폭포小勝瀑布', 그리고 '대승폭포大勝瀑布'를 거치며 깊이를 더한다. 그리고 거기에 다시 옛 신라의 영광과 욕됨을 보여주는 '인제 한계사지 북·남 삼층석탑'과 '한계산성寒溪山城'에서 느낄 수 있는 자취가 더해지면서 '십이선녀탕十二仙女湯'에서 마침내 치유되는 절정을 이룬다. 십이선녀탕은 대자연의 신비에 취한 인간의 상상이 만들어낸 천상의 세계다. 그렇기에 설악의 숨결은 인간 없는 자연도 자연 없는 인간도 아닌, 인간의 삶을 품는 대자연의 숨결이다.

필례계곡,
시공간을 뛰어넘는 어긋난 인연의 만남

무엇보다 '필례'라는 이름이 매우 특이하다. 『대동여지도大東輿地圖』에 따르면 이곳의 이름은 '필노령㻫奴嶺'이었다. '필노령'은 '노력을 아끼는 고갯길'이라는 의미로, 한계령이 생기기 전까지는 영서와 영동을 잇는 고갯길이었다. 하지만 지금은 필노령보다 필례계곡으로 더 많이 알려져 있다. 이 이름의 기원에 대한 설은 여러 가지가 있다. 가장 대표적인 것은 이곳의 지형이 베를 짜는 여자인 '필녀匹女'의 모습을 닮았다고 해서 붙여진 이름이라는 것이다. 하지만 다른 설도 있다. 난리 통에 피란을 온 사람들이 모여들어서 '피래'라고 부르다가 '필례'가 되었다는 것이다.

'이름'은 인간이 대상에 부여한 의미를 나타낸다. 동시에 그것은 대상을 자신과 연결된 새로운 사건의 지평으로 가져오는 행위이기도 하다. 그렇기에 '필노령'이든 '필례'든 거기에는 인간의 삶이 존재한다. 사실, 필례계곡은 조정래의 대하소설을 영화화한 「태백산맥」 중 지리산 빨치산들과의 전투 장면을 촬영한 곳이다. 그만큼 이곳의 계곡은 지리산의 피아골처럼 깊고 깊은 산중으로 이어져 있다. 그래서 '필례'라는 이름도 그렇게 촘촘히 나무들로 뒤덮인 계곡이 마치 베틀처럼 짜인 것처럼 보여서, 아니면 난리를 피해 숨어들기에 좋아서 붙여졌는지도 모른다.

하지만 압권은 이순원의 소설 『은비령』에서 나오는 다음과 같은 묘사다. "그날 밤, 은비령엔 아직 녹다 남은 눈이 날리고 나는 2천 5백만 년 전의 생애에도 그랬고 이 생애에도 다시 비켜 지나가는 별을 내 가슴에 묻었다. 서로의 가슴에 별이 되어 묻고 묻히는 동안 은비령의 칼바람처럼 거친 숨결 속에서도 우리는 이 생애가 길지 않듯 이제 우리가 앞으로 기다려야 할 다음 생애까지의 시간도 길지 않을 것으로 생각했다." 그만큼 이곳은 블랙홀처럼 시간을 잊게 하고 시공간을 뛰어넘어 자신 속으로 침잠하게 하는 곳인지도 모른다.

불빛이 전혀 없는 깊은 산중, 어둠에 묻힌 밤, 거기에서 모든 형상은 사라지고, 칠흑의 '무無'로 우리를 되돌려놓는다. 오직 빛나는 것은 밤하늘의 별들 뿐이다. 별에는 우리의 소망이 있다. 사랑과 그리움, 그렇기에 이곳은 어긋난 인연들이 별들의 속삭임으로 시공간을 건너뛰어 만나는 곳이다. 소설 『은비령』은 이 순간의 마주침을 포착하고, 그것을 사랑의 서사로 빚어내었다. 지나간 것은 결코 돌아올 수 없다. 아련한 추억의 고통은 그 상실이 만들어내는 것이다. 그렇기에 소설의 주인공들은 이곳에서 어긋나는 인연의 아픔을, 서로 별이 되어 가슴에 묻으며, 서로의 삶을 치유한다.

한계령,
구름 몰고 다니는 바람꽃이 피는 곳

소설 『은비령』에서 여인은 남편과 사별했다. 그 여인을 사랑하는 사람은 그녀 남편의 친구다. 그렇기에 그들은 지금은 맺어질 수 없는 관계다. 하지만 그 애틋한 마음마저 어찌하겠는가? 그녀는 남자에게 2천 5백만 년 후, 다시 올 윤회에서 '바람꽃'으로 태어나고 싶다고 말한다. 바람꽃이 피어나는 곳, 한계령이다. 한계령은 이름 그대로 '추운 계곡'이다. 신라가 패망한 이후 전국을 떠돌던 마의태자가 이곳에 왔을 때, 극심한 추위로 고생을 해서 '한계寒溪'라는 이름이 붙여졌다고 전해진다.

하지만 이곳은 춥기만 한 곳이 아니다. 이곳의 원래 명칭은 '오색령五色嶺'이었다. 오색령이라는 이름은 인근의 마을에 다섯 빛깔의 꽃이 피는 나무가 있어서 '오색'이라고 하였다고 한다. 하지만 그것은 전설일 뿐, 실제는 이곳이 그만큼 아름다워 보였기 때문일 것이다. 조선 시대 이중환이 쓴 『택리지(擇里志)』에서도 강원도의 여섯 고개 중에 제일은 '오색령'이라고 했다. 태백산맥을 넘는 바람은 이곳을 휘돌아간다. 바람을 따라 구름도 잠시 쉬어간다. 그렇기에 여름에는 바람이 나무줄기를 산들거리고, 겨울에는 바람이 눈꽃을 만든다. 그러나 바람은 머물지 않는다. 쉬이 떠나고 쉬이 오지만 꽃처럼 핀다.

한계령은 설악산 1,708m의 대청봉(大靑峰)과 1,424m의 점봉산(點鳳山) 사이에 있는 고개로, 높이가 1,004m나 된다. 이는 520m의 진부령(陳富嶺)이나 826m의 미시령(彌矢嶺)보다 훨씬 높다. 게다가 앞뒤로 겹겹이 산들이 겹쳐지는 설악의 깊고 웅장한 산세를 볼 수 있는 곳이기도 하다. 소설 『은비령』에서 여자가 되고 싶다던 '바람꽃'은 이곳에서 우리의 아픔을 치유하는 '바람'과 '구름', '꽃'이 된다. 한계령은 매서운 칼바람을 날리는 곳이 아니라, 상처 입은 영혼들을 달래는 곳이기도 하

유주영, 한계령 은하수(ⓒ 공유마당)

박정병, 설악한계령 00024(ⓒ 공유마당)

다. 1981년 10월 3일 한계령에서 정덕수 시인은 자신의 고향 오색을 보며 "추억이 아파 우는 내게" "울지 마라" 하며 "구름 몰고 다니는" 바람처럼 살라고, "잊으라 잊어버리라" 한다고 읊었다.

소승폭포,
작은 폭포들의 향연

첩첩이 쌓인 산들 사이로 난 계곡을 타고 바람이 구름 몰고 다니는 한계령에서 다시 양양이 아닌 인제 방향으로 내려가면, 가장 먼저 마주치는 곳이 '소승폭포'다. 소승폭포는 한계령휴게소에서 북서쪽 장수대將帥臺 방향 약 3km 지점에 있다. 병풍처럼 두른 약 80m 높이의 석벽들 사이에서 떨어지는 폭포수가 물보라를 일으키며 떨어진다. 폭포 아래에서는 널찍한 바위가 떨어지는 물줄기를 온전히 맞으며 이를 받아들이고 있다. 폭포수의 양은 많지 않다. 하지만 거의 수직으로 떨어지면서 빛을 받아 하얗게 반짝이는 폭포수는 황홀경을 보여주기에는 모자람이 없다.

'산자분수山自分水'라는 말이 있다. 산은 스스로 물을 가른다는 뜻이다. 설악의 서북능선은 물을 둘로 갈라놓았다. 북쪽의 백담사 계곡물과 남쪽의 '한계천寒溪川'이 그것이다. 또한, 서북능선의 남쪽은 높고 북쪽은 낮다. 그래서 서북능선의 남쪽을 흐르는 한계천은 수량이 풍부하고 가파른 능선을 따라 무수한 폭포들을 만들어 놓았다. 서북능선에는 소승폭포를 비롯하여 대승과 온천, 독주와 설악 등의 크고 작은 폭포들이 있다. 소승

소승폭포 빙장(ⓒ 국립공원공단)

폭포는 대승 못지않은 크기의 폭포이지만 8m 차이로, 88m의 대승을 이기지 못해 '작을 소小'가 붙은 '소승小勝'이 되었다.

한계사지-북·남삼층석탑,
통일신라의 기억

소승폭포를 지나 대승폭포로 향하는 길에서 설악은 옛 신라의 영욕을 보여주는 자취들을 내어놓기 시작한다. '인제 한계사지麟蹄寒溪寺址'와 '한계산성'이 그것이다. 한계사지는 한계령 중턱 장수대에 있었던 한계사寒溪寺라는 절의 터다. 한

한계사지 터가 보인다.

계사는 647년 신라의 진덕여왕 원년에 자장율사慈藏律師가 창건한 것으로 알려져 있다. 이 절은 여러 차례 화마를 겪으면서 운흥사雲興寺, 심원사深源寺, 선구사旋龜寺, 영취사靈鷲寺 등으로 이름이 바뀌었다가 1456년 세조 2년에 백담사百潭寺로 옮겨가면서 지금처럼 절터만 남게 되었다고 전해진다. 그러나 한계사 절터에서 출토된 기와 조각에 '한계사 강희이십이계해寒溪寺 康熙二十二癸亥'라고 써진 것으로 보아 1683년 이전까지는 사찰이 존재했음을 짐작할 수 있다.

현재 한계사지 터에는, 절을 세웠

한계사지 북삼층석탑   한계사지 남삼층석탑

던 건물터와 높은 축석緊石, 그리고 삼층석탑 2기와 석불대좌石佛臺座 및 광배光背

와 연화석蓮花石 등이 남아 있다. 이 중에서도 절터에서 북쪽으로 50m쯤 떨어진

곳에 '인제 한계사지 북삼층석탑麟蹄寒溪寺址北三層石塔'이 있다. 인제 한계사지 북삼

층석탑은 남쪽에 있는 '남삼층석탑'과 쌍을 이루고 있다. 하지만 이 두 개의 석탑

은 애초 쌍탑雙塔으로 기획 조성된 것이 아니다. '남삼층석탑'은 1985년 옛 절터

를 정비하면서 다른 곳에서 이곳으로 옮겨져 복원된 것이다. 두 탑은 통일신라

의 석탑 양식을 전형적으로 보여주는 석탑으로 가치를 인정받아, 각각 보물 제

1275호, 제1276호로 지정되었다.

    한계사지와 북·남삼층석탑은 이곳이 불교국가였던 옛 통일신라의 중요한 포교

지이자 영토였음을 보여준다. 하지만 지금은 절터만 남은 것처럼 통일신라의 영광

도 왕조의 몰락과 함께 사라졌다. 간신히 살아남은 북·남삼층석탑도 탑의 상층부

를 거의 잃어버렸고, 여기저기 헤지고 온갖 풍상에 할퀸 상처만 남았다. 그리고 그

것들은 사라진 것에 대한 향수를 남긴다. 우리는 그 향수를 통해 천년을 훌쩍 뛰어

넘어 그들과 만나고 그들과 교감한다. 삶의 상처와 고통을 보듬으며 말이다.

대승폭포,
사랑의 별빛이 쏟아지는 폭포

한계사지를 지나 계속 길을 걷다 보면 '대승폭포'가 나온다. 대승폭포는 개성의 '박연폭포朴淵瀑布', 금강산의 '구룡폭포九龍瀑布'와 더불어 한반도를 대표하는 3대 폭포 중 하나다. 명승지에는 언제나 이름의 유래와 관련된 설화가 있기 마련이다. 이곳에도 '대승'이라는 이름의 유래와 관련된 설화가 있다. 먼 옛날 '대승大勝'이라는 총각이 살았다. 그는 이곳 절벽에 동아줄을 매달고 내려가서 버섯을 땄다. 그런데 갑자기 그의 죽은 어머니가 그의 이름을 다급하게 부르는 소리가 듣고, 동아줄을 타고 올라갔더니, 지네가 동아줄을 쪼고 있는 것을 발견하였다. 자칫하면 동아줄이 끊어질 뻔했으나 어머니가 부르는 소리에 살 수 있었다. 그 이후, 이곳은 대승폭포로 불리게 되었다고 한다.

대승폭포는 장수대에서 1km 떨어진 성곡城谷에 있다. 성곡에는 신라 경순왕이 피난을 왔었다는 전설이 남아 있다. 또한, 대승폭포 맞은편 언덕의 널찍한 바위에

대승폭포 전경 대승폭포의 수직 물줄기가 눈부시다.

는, 조선의 명필 양사언楊士彦 또는 김수증金壽增의 서체라는 주장이 있는 '구천은하九天銀河'라는 글자가 새겨져 있다. '구천은하'는 이태백의 시 「여산폭포를 바라보며」의 한 구절인 '疑是銀河落九天(의시은하락구천)', 즉 "하늘에서 은하수가 쏟아져 내리는 듯하구나"에서 따온 것이다. 대승폭포의 폭포수가 마치 '쏟아져 내리는 은하수의 별'처럼 보인다는 이야기다.

대승령에 이르러 오른쪽 갈림길로 가면 장수대 분소가 나온다. 장수대는 한국 전쟁 때 전사한 장병들의 명복을 빌고 넋을 달래기 위해 지어졌다. 이 깊은 산 속에서 또다시 깊게 팬 상처를 마주하는 듯하다. 이 평온한 녹림이 다시금 포탄의 검은 그을음과 비명에 뒤덮인다. 하지만 설악은 그조차 쓸어 앉아 나를 달랜다. 자연은 언제나 어머니같이 우리를 품어주는 존재다. 설악은 같은 자리에서 영원하듯이 서 있다. 하지만 그가 내뿜는 숨결에는 인간의 고통과 아픔을 달래며, 상처 입은 자들을 보듬고, 우리에게 자신의 생명력으로 새롭게 살아갈 수 있는 용기를 북돋우는 '치유의 힘'이 있다.

한계산성,
망국의 한을 품은 설악

대승폭포를 지나 인제 방면으로 더 내려오다 보면 '한계산성'이 있다. 이렇게 깊은 산중에 산성이 있었을까 싶었으나 권력은 구석구석 미치지 않는 곳이 없어 작은 공간이라도 자신의 영토 아래에 둔다. 길도 없어 보이는 산허리를 잘라서 그 안으로 들어가다 보면 성벽이 나온다. 한계산성은 해발 1,430m에 만들어졌는데, 성벽의 둘레는 약 1.8km에 달한다. 그 안에는 대궐터와 절터 그리고 천제단天祭檀 등이 있다. 『신증동국여지승람新增東國輿地勝覽』의 기록에 따르면, 한계산성의 둘레는 6,278척이며, 높이 4척이라고 한다. 이를 오늘날 단위로 환산하면, 둘레는 1,902m이고, 높이는 1.3m에 달한다. 이 높은 곳에 이토록 거대한 산성을 만들다 니 놀랍기만 하다.

한계산성은 신라 말기에 경순왕 때 축조되었다는 설도 있고, 고려 초기에 지 어졌다는 설도 있다. 신라 경순왕 때 축조되었다는 설에 의하면, 이곳은 고려와 후백제군이 한반도의 패권을 놓고 대치했던 혈전의 현장이었을 것이다. 실제로 경순왕이 망경대에서 망해가는 신라를 바라보면서 눈물을 흘렸다는 전설이 있다. 하지만 『고려사高麗史』 「조휘열전趙暉列傳」에서는 1259년 고려 고종 46년에 몽골 군과 조회의 반란군이 이곳의 성을 공격하였으나, 방호별감防護別監 안홍민安弘敏 이 야별초夜別抄를 지휘하여 무찔렀다는 기록이 있다.

산성을 쌓은 이들도, 그것을 공격하는 이들도 모두 국가의 명령으로 움직인 다. 누군가는 이곳의 주인이 되고 누군가는 패자가 된다. 하지만 이 과정에서 정 작 피를 흘리고 싸운 자들은 이름도 남기지 못하고 이곳에 스러질 뿐이다. 산과 들과 대지에 어디 주인이 있겠는가. 자연은 원래 모두에게 자신을 내어놓았다. 하 지만 지배권력은 그것을 있는 그대로 놓아두지 않는다. "말없음이 자연(희언자연, 希言自然)"이라고 말한 노자老子라면 "자연은 곡식을 영글게 하고 가축을 살찌우나 우리에게 고마워하라고 요구하지 않지만 국가는 아무것도 하는 것 없이 갖가지 를 요구한다."고 탄식했을 것이다.

십이선녀탕,
지친 삶을 치유하는 연못

한계산성을 지나 미시령 쪽 길을 따라가다 보면 '십이선녀탕'이 나온다. 차에

십이선녀탕의 맑은 물이 마음을 정화하며 우리네 상처를 어루만지고 있다.

서 내려 흙을 밟으며 산을 오르고 있자니 무거운 마음이 조금은 가벼워지는 듯하
다. 거칠어지는 숨결을 따라 들고 나는 공기는 달았고, 나무가 내쉬는 푸른빛의
숨결들과 나누는 호흡은 무념무상無念無想의 세계로 우리를 데려가는 듯하다. 특
히, 계곡을 오르는 길에서 만나는 연못은 거친 물줄기들의 흐름만이 아니라 그것
에 담긴 이야기들의 세계로 우리를 초대한다. 선녀탕이란 이름은 깊은 계곡에 있
는 연못에 흔하게 붙는 이름 중 하나다. 하늘에 사는 선녀가 내려와 목욕했을 정
도로, 이 계곡의 연못이 깊고 깨끗하다는 것이다.

그런데 이곳에는 그런 연못이 열두 개가 있어서 '십이선녀탕'이다. 하지만 실
제 확인해 보면 여덟 개뿐이다. 가파른 산을 오르다 보면 어느 사이엔가 나를 잊
어버린다. 힘이 들면 들수록 나는 점점 오르는 것에 집중한다. 오직 거친 숨만이

간헐적으로 나를 일깨운다. 한계산성을 지나 걷는 길이 그렇다. 이곳이 특별히 험난해서가 아니라 지나온 길이 체력을 많이 빼앗아 갔기 때문이다. 가쁜 숨을 내쉬며 앞길만을 바라보며 오르고 있을 즈음, 눈앞에 좁은 협곡 사이로 떨어지는 힘찬 물줄기가 만들어 놓은 탕이 들어온다.

오랜 세월, 거친 물줄기에 깎인 폭포의 물줄기와 '탕湯'이 이곳에서부터 시작하여 8km에 걸쳐 펼쳐진다. 여기서부터 이들 연못 중 가장 예쁘다는 복숭아 모양을 한 '복숭아탕'과 계곡의 폭포수가 형형색색 무지갯빛을 만들어내는 '무지개탕', 항아리 모양을 하고 있어서 '항아리 옹甕' 자를 쓴 '옹탕甕湯' 등이 이어진다. 물은 생명의 원천이다. 모든 지상의 생명체들은 물에서 나왔고, 물을 먹고 산다. 그렇기에 물은 치유의 힘을 가지고 있다. 물이 고여 만들어진 '탕'은 세상사에 지치고 상처받은 우리네 몸을 담그기에 딱 좋다. 그렇기에 사람들은 천상의 선녀들조차 몸을 담근 '선녀탕'이라는 이름을 붙였는지도 모른다.

설악은 사계절을 따라 각기 다른 모습의 옷을 입는다. 봄에는 흐드러지게 핀 꽃들과 생동하는 새싹의 옷을 입고, 여름에는 푸름이 짙다 못해 검푸른 녹색의 옷을 입고, 가을에는 다채로운 색깔의 오색 향연의 옷을 입고, 겨울에는 앙상한 가지 위로 순백의 하얀 눈꽃들로 장식된 옷을 입는 설악. 변화무쌍한 설악은 순간의 연속이다. 내가 설악의 숨결과 호흡하는 것도 찰나의 순간들이다. 내가 호흡한 순간은 이미 지난 것이다. 하지만 그 순간이야말로 '영원'일지도 모른다. 왜냐하면 그 순간은 사라졌지만, 여전히 내 몸속에 깊은 감동과 여운으로 또렷이 남아 있기 때문이다. 그것들이 모여 이야기를 만들고, 우리네 삶을 만든다.

사람들은 그들이 살면서 나누었던 자연과의 교감에 상상력을 불어넣고 이야기를 만들어 입으로, 입으로 전했다. 또한, 사람들은 이곳에서 역사를 만들었고 그들의 흥망성쇠를 기록하고 그들의 자취를 남겼다. 신라 시대에 '한계사'라는 이름으로 창건된 절은 이제 백담사가 되었다. 일제강점기, 만해 한용운은 이곳에서 시집 『님의 침묵』을 지었고, 불교 개혁을 위해 불교 유신론을 제창했다. 그로부터 수십 년 뒤에는, 제 손에 묻힌 피가 불러온 화가 두려워 도망친 대통령도 있었다.

산은 산이로되, 인간의 삶은 속되고 속되다. 1985년 발표된 노래 「한계령」이 다시 떠올랐다. 앞에서 소개된 정덕수의 시 「한계령에서 1」에서 영감을 얻어 하덕규가 작사, 작곡한 노래다. 정덕수는 한계령에서 계곡을 내려다보며 "눈물 젖은 계곡"이라고 하면서 "구름인 양 떠도는 내게 잊으라"고 말한다. 하지만 이 노래에서는 "발아래 젖은 계곡 첩첩산중" "이 산 저 산 눈물 구름 몰고 다니는 떠도는 바람처럼" 살고 싶은 내게 "내려가라" 한다.

박정병, 설악한계령_00043(ⓒ 공유마당)

필례약수

필례계곡으로 오르는 길에 필례약수에 들려 약수를 한 사발 떠먹는 것도 여행의 묘미다. 필례약수는 필례계곡을 따라 한계령 방향으로 들어간 약 11km 지점에 있다. 필례약수 물은, 약한 탄산수에 철분을 함유하고 있어서 맛은 비리다. 하지만 피부병과 위장병에 효험이 있다고 한다.

약수터 옆에는 절에서 종이나 징을 치는 나무 막대인 당목撞木이 있다. 이것은 이곳에 과거 마을의 수호신을 모신 서낭당이 있었음을 보여준다. 필례약수는 숙취 해소 효과가 있다고 하니, 필례계곡에 취하고 그래서 술에 취한 심신을 달래기에도 충분하다.

유주영, 인제 필례약수 010(© 공유마당)

한계사지에 얽힌 설화와 역사

인제 한계사지는 보기에 볼품이 없다. 하지만 그에 얽힌 역사와 이야기들을 알고 보면 느낄 수 있는 재미가 있다. 백담사에 관련된 서적으로는 「설악산심원사사적기雪嶽山尋源寺史蹟記」와 만해 한용운이 편찬한 『백담사사적百潭寺史蹟』이 있다. 그런데 「설악산심원사사적기」에는 한계사와 관련된 재미있는 설화가 있다.

화천의 옛 지명인 '낭천현狼川縣'에는 '비금사琵琴寺'라는 절이 있었다고 한다. 한데, 주변에 산짐승들이 많아 사냥꾼들이 많이 찾았고, 많은 짐승이 죽었다. 그러나 비금사의 스님들은 이를 알지 못하고 그곳의 샘물을 길어 부처님께 공양했다. 이에 산신령이 화가 나서 어느 날 밤, 도술을 부려 비금사를 통째로 대승폭포 아래 지금의 한계사 터로 절을 옮겨버렸다고 한다. 산신령은 절을 옮기는 도중에 청동화로와 절구를 떨어뜨렸는데, 그것이 떨어진 자리가 각각 춘천의 절구골, 한계리의 청동골이 되었다고 한다.

하지만 『백담사사적』에 보면, 647년(진덕왕 원년) 자장율사慈藏律師(590~658)가 설악산 한계리에 아미타삼존불을 조성, 봉안하고 '한계사寒溪寺'를 세웠다는 이야기가 나온다. 자장율사가 누군가? 당나라에 유학을 갔다 오면서 신라에 화엄종華嚴宗을 가지고 승려로, 나중에 신라 10성十聖 중 하나로 경주 흥륜사興輪寺 금당金堂에 모셔진 사람이다. 그는 황룡사 구층탑과 통도사를 세운 것으로 알려져 있다. 따라서 현재 한계사는 터만 남았지만 신라를 대표하는 사찰이었을 것이다.

여러 차례의 화재로 소실되었고, 그때마다 절 이름이 바뀌다가 1456년에는 지금의 백담으로 절을 옮겼다. 한계사는 없어지고 백담사가 남았다. 하지만 현재 백담사가 가진 역사는 고대 신라의 한계사로부터 이어지고 있는 셈이다. 그렇기에 볼품없이 흩어진 돌조각들은 천년의 시간을 넘어 그 기억을 보여주는 흔적들이다.

06

전적비가 기록한 전쟁,
돌탑이 기억하지 못한 전쟁

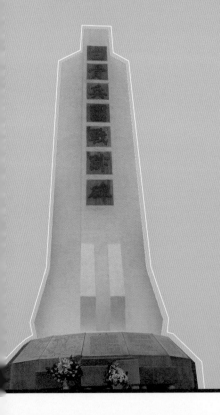

| 현리지구전적비 - 현리전투위령비 - 삼팔대교 - 리빙
 스턴교 - 매봉·한석산전적비 - 백골병단전적비

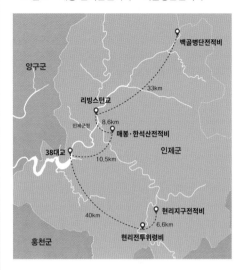

인제, 험준한 산악 접경지역으로 가는 길
현리지구전적비, 한국전쟁의 처절한 패배
'현리전투', 1951년 5월의 기록 혹은 기억
현리전투위령비, 모든 희생자들에 대한 애도
38대교&리빙스턴교, 기념 다리가 전쟁을 기억하는 방식
매봉·한석산전적비&백골병단전적비, 채명신 장군이
지킨 약속

인제, 험준한 산악 접경지역으로 가는 길

　사방이 1,000m 이상의 산악지대로 둘러싸인 인제麟蹄에선 어디를 가도 웅장한 산악 지형이 보인다. 산등성 너머의 번다함을 막아주고 뭇 생명이 살아가는 자연적 경계를 이루던 그 울타리는 소양강 지류 인근의 산골 마을들을 감싸 주었다. 그런데 해방 직후 '38선'이 그어지자 인제의 한적한 마을은 갑자기 첨예한 '접경지역'이 되었다. 인제에 살던 어느 학도병이 증언하길, 안방은 이북에 사랑방은 이남에 속했다고 한다. 낮에는 남측 군인의 눈치를 보고 밤에는 북측 인민군의 눈치를 보며 전쟁 전까지 숨죽인 채 살았는데, 어느 날 '난리'가 터졌다. 1년 후 함께 뛰어다니던 뒷산은 삶과 죽음을 가르는 전쟁터가 되었고 동무들은 거기에 던져졌다. 그 든든하던 산봉우리들은 피아彼我가 수십만 명의 목숨을 바치고 수백만 발의 포탄을 날려서라도 확보해야 할 '고지'와 '진지'가 되었다. 그리고 휴전 이후 그 고지들의 능선은 다시, 긴 철책선이 되었다.

　전쟁 전 북쪽 땅이었던 인제군의 북부는 그렇게 수복收復하였고, 이런 이유에서 오늘날 인제군은 전국 군 단위 중에서 가장 넓은 면적을 차지하고 있다. 산과 땅을 되찾긴 했지만 그것을 위해 영영 잃어버린 것들과 고통스러워하며 죽어간 것들이 너무 많다. 그래서 동부전선에서 군 복무를 했던 사람이 아니라도, 인제의 산간山間이 자랑하는 육중한 초록 물결을 바라볼 때, 감탄에 더해 탄식이 나오는 것은 어쩔 수 없을 것 같다. 저 푸르른 산의 풍경 어딘가는 처절한 격전지였고 그 속에서 남쪽 사람, 북쪽 사람, 중국 사람, 미국 사람 할 것 없이 새파란 청춘들이 쓰러졌으리라. 그리고 저 산의 나무들이 초토焦土 위에서 악을 쓰며 버텼던 뭇 생명의 켜켜이 쌓인 흔적이라면, 산은 보이는 그대로의 산일 수가 없으리라. 다른 접경지역처럼 인제군에도 전쟁의 전과戰果를 기념하는 높다랗게 솟은 돌탑들에 비해 희생자들의 넋을 추모하는 비석은 흔치 않다.

현리지구전적비,
한국전쟁의 처절한 패배

인제군 기린면 '현리縣里'. 이 평범한 마을 이름은 전국 여러 곳에 있지만, 인제에서 벌어진 전쟁을 떠올릴 때 꼭 등장하는 곳이 되고 말았다. 먼저 '현리지구 전적비'가 서 있는 '오미재'로 차를 몰았다. '오마치'라고도 불렸던 이곳은 방태산을 크게 둘러싸는 주요 고갯길 중 하나로 주변에 오미자가 많이 났다고 한다. 해발 500m의 시야가 탁 트인 이 언덕은 1951년 중공군 '제2차 춘계 공세' 당시 한국군 3군단의 방어 요충지이자 퇴로였다.

당시 중공군은 예상을 깨고 국군 5사단과 7사단 작전 지역 사이를 뚫었으며, 일부 부대가 밤새 엄청난 행군 속도로 오미재와 5km 후방의 집결지였던 '침교'

현리지구전적비

일대까지 확보하여 국군의 퇴로를 막았다. 속초와 원통을 잇는 긴 전선(戰線)에서부터 종심 50km를 돌파당하자, 국군 3군단 예하 3·9사단의 병사들을 옥죈 것은 적의 총탄이 아니라 앞뒤로 갇혔다는 공포감이었다. 지휘체계가 무너진 상황에서 부대 진영은 와해하였다. 병사들은 우왕좌왕하며 방태산 방향으로 산개하였다. 인근의 내린천이 우리나라에서 거의 유일하게 북쪽으로 흐르는 하천인 것을 몰랐던 여러 무리의 병사들은 천변을 따라 후퇴하려고 하다가 인민군에게 포로로 사로잡혔다. 그중 일부는 인민군으로 차출되어 전우에게 총을 겨누었다. 1951년 그날, 대체 무슨 일이 있었던 것일까.

오미재 정상부에 도착하니 한적한 길가에 넓적한 비석이 덩그러니 서 있다. "이 전투의 패배를 교훈으로 삼고 당시 이름 없이 몸 바친 호국영령들의 명복을 빌고자" 인근 부대에서 세운 비(碑)이다. '전쟁의 경과·결과·자취 등을 기록하여 길이 후세에 전하려는 목적에서' 아군의 무훈(武勳)을 기념하는 것이 일반적인 전적비라면 이 비석은 오늘날 무엇을 전하고 있을까.

'현리전투',
1951년 5월의 기록 혹은 기억

'현리전투'는 1951년 5월 16일부터 22일까지 7일간 계속된 중공군의 여섯 번째이자 마지막 대규모 공세 중 일어났다. 북한군 5군단 예하 세 개 사단과 중공군 9병단 예하 여섯 개 사단의 남하를 저지하기 위해, 강원도의 험준한 산악지대에 진지를 구축한 한국군·미군 작전 지역에는 긴장감이 감돌았다. 한국군 3군단은 동해안에서 설악산 지구를 맡은 제1군단과 인제 서쪽과 양구 지구를 맡은 미군 제10군단 사이 작전 지역을 할당받았다. 3군단은 본격적인 전투가 시작되기 전 오미재에 부대를 파견하여 첫 번째 후퇴 집결지인 현리에 이어 필요할지도 모를 2차 퇴로를 미리 확보하려고 하였지만, 미군 제10군단장 아몬드(Edward E. Almond)는 그곳은 자신들의 담당이라며 이를 거부하고, 추가 병력을 파견하지도 않았다.

이런 상황에서 쉽게 뚫려 버린 오미재와 침교는 아군의 후방에서 그들을 겨누는 '칼'이 되었다. 제대로 싸워보지도 못한 3군단은 현리에 모였지만 사단과 군단의 지휘부는 이 사태를 적극적으로 수습하지 못했다. 게다가 헬기를 다시 타고 군단사령부가 있는 70km 후방의 평창 하진부리로 돌아가는 군단장을 보며 병사들은 마지막 전의戰意마저 꺾이지 않을 수 없었다. 식량 없이 흩어진 병사들은 중장비와 중화기를 버리거나 숨기며 무작정 후퇴하였으며, 포로로 잡힐 것을 두려워해 스스로 계급장도 떼버리는 장교들 틈으로 소총과 실탄까지 버리는 병사들도 보였다. 중국군의 감시를 피해 인적이 드문 산 중턱을 돌아 걸으며 퇴각하던 병사들은 곳곳에 널린 시체를 보며 삶의 의지를 되새겼다. 겨우 며칠 만에 하진부리에 살아서 도착한 패잔병들은 자신들을 마치 '마라톤 골인 지점에 도착한 선수들처럼 박수로 맞이하는 지휘관들'을 보며 참을 수 없는 분노를 느꼈다. 3군단은 패퇴한 부대를 재수습했지만, 병력의 30%, 장비의 70%가 사라진 뒤였다.

당시 서른 살의 군단장 유재흥은 개전開戰 당시 양주와 의정부 지역을 방어했던 7사단장으로서 사단이 궤멸하는 처참한 패배를 겪었음에도 2군단장으로 승진하였다. 그리고 연이은 패배로 2군단이 해체되는 데 책임이 있었지만, 또다시 신임을 받아 3군단장을 맡은 상황이었다. 그는 여전히 일본어를 모어母語로 사용하던 탓에 늘 통역병을 대동한 것으로 전해진다. 그와 그의 아버지는 '천황폐하'를 보위하는 충직한 '황군'이 되기 위해 일본 육사를 졸업하고 일본군 장교로 복무하였다. 당시 UN군 사령관 밴 플리트(James A. Van Fleet) 장군이 자신의 회고록에 남긴 유재흥 중장과의 대화, 즉 '병력과 장비가 어디 있는지 모른다'라는 대답은 지금도 어이없는 웃음을 짓게 만든다. 이런 내력을 가진 사람이 이후 대한민국의 국방부 장관을 지내고, 55년 후 '전시작전통제권(이하 전작권)' 환수에 '결사반대'하는 예비역 장군들의 우두머리가 되는 것을 두고 역사의 아이러니라고 해야 할까.

한편, 전쟁 전 군부 내에 있던 남로당 조직을 모두 자백한 후 목숨을 부지한 채 퇴역하였다가, 전쟁을 통해 다시 군인이 된 박정희 중령은 당시 최전방 9사단 참모장이었다. 5월 16일 전투가 시작되기 며칠 전 병가를 내고 고향인 대구로 내려갔다고 하는 그는 정확히 10년 후, 육군 소장 신분으로 쿠데타를 일으키고 정권을 장악한다. 당시 현리전투에서 전사·실종·포로가 된 장병은 1만9,000여 명이라고 한다. 당시 북측 포로가 되었던 조창호趙昌浩(1930~2006) 소위는 1994년 43년 만에 극적으로 귀환하여 전사자 비석에 적힌 이름을 스스로 지웠다. 그리고 당시 지휘관들에게 '왜 그랬냐'고 묻고 싶다고 말하였다. 돌에 새겨지고 책에 적힌 역사의 저편에서 현리전투를 직접 겪고 자신의 경험을 소상하게 기억하는 사람은 이제 얼마 남지 않았다.

현리전투위령비,
모든 희생자들에 대한 애도

'현리전투' 이후 중공군 총사령관 펑더화이彭德懷는 흔히 '인해전술人海戰術'로 오해되는 자신들의 특기, 즉 38선 인근까지 내려오며 효과적이었던 '대규모 기동 포위전'이 이제 더는 미군의 강한 화력과 물량 공세를 뚫어낼 수 없음을 깨달았다. 압록강까지 북진하였다가 '1·4 후퇴'를 겪은 UN군도 1951년 봄부터는 현재의 휴전선 인근에 발이 묶일 수밖에 없음을 직시하고 있었다. 이처럼 현리전투는 이후의 전황이 38선 인근에서 교착 상태에 머무르게 되는 분기점이 되었다. 늦여

현리전투위령비

름의 '인천상륙작전'이 한국전쟁의 흐름에서 제2막의 서장이었고, 늦가을에 시작된 '중공군 개입'이 전쟁의 판도를 다시 바꾼 제3막의 전주곡이었다면, 현리전투는 지루한 정전회담과 치열한 고지 쟁탈전이 반복되는 전쟁 후반부로 넘어가는 계기가 되었다.

더불어 현리전투는 환수되지 않는 전작권을 만든 결정적인 계기나 한국군의 불완전한 군사적 자율성을 설명할 때 꼭 등장하는 '치욕'으로 기억된다. 물론 그 패배는 지휘부의 무능과 무책임뿐만 아니라 허약한 한국군을 파고든 중공군의 과감한 전술과 한국군—미군의 일원화되지 않은 통제체계의 한계 때문이기도 할 것이다. 여기서 기억해야 할 대목은 이 패배의 결과로 2만5,000명 병력의 한국군 3군단 자체가 해체되고, 이후 한국군의 독자적인 지휘권이 미8군에게 완전히 귀

속되는 결과가 빚어졌다는 사실이다.

오미재 고개를 내려와 상남면 하남리로 들어가면 '현리전투위령비'가 있다. 마을 뒤 언덕에 조성된 이것은 현리전투의 희생자들을 추모하는 유일한 비다. '오마치의 한恨'이라고 불리는 패전의 역사를 적대감을 최대한 증폭시키는 계기로 삼는 비문碑文의 주어는 늘 불특정한 군인인데, 다음과 같은 문장으로 끝을 맺는다. "우리는 고통과 시련의 역사가 부끄럽고 수치스럽다고 하여 숨기려 하기보다는 이를 와신상담의 계기로 삼아 우리 조국 대한민국을 위협하는 어떤 적의 도발도 반드시 격퇴할 수 있는 군으로 거듭날 것을 다짐합니다." 이렇게 계속 다짐하며 북측보다 30배나 많은 국방비를 쓰면서도 여전히 우리 군은 '자주국방'을 실현할 수 없다고 하니, 도대체 무슨 영문일까?

비 뒷면엔 '적군 섬멸'을 다짐하는 '통한의 결의'가 조악한 문장과 글씨로 새겨져 있다. 산화한 전사들의 극락왕생極樂往生을 위무하거나 전쟁 자체를 성찰하는 문구는 어디에도 없다. 이처럼 제대로 애도 받지 못한 영령들은 역사의 무대 저편에서 비극적 존재로 남아 있을 것이다. 언덕을 내려오며 다른 주체들의 이름으로 위령비문을 쓸 수는 없을까 생각한다. 전후 68년이 지난 분단 시대를 살아가는 시민의 이름으로, 평화를 꿈꾸는 청소년의 이름으로, 그리고 인간 생명의 존엄성을 생각하는 인류의 이름으로, 학살된 민간인을 포함한 모든 전쟁의 희생자들을 추모하고 그 영혼을 위로할 수는 없을까.

38대교 & 리빙스턴교,
기념 다리가 전쟁을 기억하는 방식

다시 31번 국도를 타고 북상하는 길에 웅장한 소양호의 풍경이 눈을 시원하

38대교

게 한다. 잔물결에 부서지며 찬란하게 굴절되는 햇살은 언제나 사람의 기분을 풀어준다. 그런 풍경에 취해 있을 때쯤 소양강이 소양호와 만나는 지점에서 큰 현수교가 보인다.

'인제38대교'의 반대편 끝엔 화단과 돌로 만든 '38'이라는 큰 숫자 위에 거대한 태극기가 게양되어 있다. 인제의 '랜드마크'를 이것으로 삼으려고 했을까. 수직으로 높게 뻗은 국기게양대와 수평으로 흘러가는 소양강이 대조를 이룬다. 돌이켜보면 굴곡진 한반도 현대사의 고비마다 민중이 눈물을 흘리며 의지했던 태극기는 내려다보며 위압하는 태극기가 아니었다. 과연 오늘날의 젊은 세대는 유의미한 경계도 아니며 우리의 주체적 의지와는 상관없었던 '38'이라는 역사적 숫자에, 또한 그것이 가리키는 투철한 '안보'에 얼마나 공감할 수 있을까. 인제의 지리, 풍광, 사람들에 감탄하며 고장 여기저기를 쏘다니던 어느 과객過客이 하지 않을 수 없었던 생각이다.

"현세대는 이해하고 공감하지 못하는 전쟁과 분단의 아픔이지만, 우리의 역사에 분명히 존재하고 현존하는 상황임을 우리는 기억해야 한다." '38선 길' 조형물의 비석에 새겨진 건립 취지문 중 한 구절이다. 그 '기억해야 할 것'은 모든 역사 서술이 그러하듯이 한반도의 시대 변화에 따라 달라질 것이다.

38대교 국기게양대

인제군청을 지나 북상하다 보면 인북천에 놓인 다리 하나가 또 눈에 띈다. 급히 길가에 차를 세울 만큼 특별

한 풍경이 있거나 관광지도 아니지만 풍기는 분위기가 범상치 않다. 옛 다리를 복원해 놓은 듯한 빨간 인도교와 잔뜩 긴장하며 주변을 경계하는 실물 크기의 미군 병사들 동상 앞에 서 있는 '리빙스턴교'다.

1951년 6월 10일 리빙스턴 중령이 이끌던 미군 포병부대는 인민군의 맹공격을 받고 기린면으로 후퇴하다가 홍수로 인해 급류가 흐르던 인북천 앞에서 멈추게 된다. 강을 건널 방법이 없어 지체하던 중 적의 기습을 받고 많은 부대원이 희생당하였다. 중상을 당한 리빙스턴 중령은 작은 다리만 있었어도 부하들을 잃지 않았을 거라며 '이곳에 다리를 만들어 달라'는 유언을 남겼다. 1957년 2월, 그의 부인은 사비를 털어 합강리와 덕산리를 연결하는 길이 150m, 폭 3.6m의 목재 다리를 놓았다. '빨간 다리'로 불렸던 리빙스턴교의 원형은 오래 가지 못하였지만,

지역 주민들은 그의 숭고한 뜻을 기리고자 2015년 이 다리를 조형물과 함께 복원하였다.

매봉·한석산전적비&백골병단전적비,
채명신 장군이 지킨 약속

인제군청을 지나 44번 국도와 31번 국도가 만나는 지점에서 조금 더 내려가면 '매봉·한석산 전적비'가 있다. 1951년 5월 7일 동부전선에서는 '중공군 5차 공세' 이후 '미주리 선'으로 명명된 춘천–인제–미시령–속초를 회복하기 위해 일제히 반격에 나섰다. 당시 1,100m인 한석산은 인제의 중심부를 되찾는 데 중요한 고지였으며, 1,066m인 '매봉'은 인민군이 견고한 방어진지를 구축하고 있던 주요 봉우리였다.

9사단 30연대는 한석산을 공격하여 고지를 탈환하는 전과戰果를 올렸다. 매봉·한석산 전적비에는 "895명의 적을 사살하고 42명을 생포하고 무기를 노획한" 전공이 이 비를 건립한 이유라고 새겨져 있다. 생존 참전용사들은 한석산을 점령하고 태극기를 흔들며 전우들과 함께 '대한민국 만세'를 목 놓아 부르던 '그날의 감격'을 생생히 기억한다고 증언한다. 험준한 산악지대인 이곳에선 이따금 중공군, 인민군, 한국군의 유해가 발견되고 있다.

인제군과 고성군의 경계 인근 북면 용대3리 마을회관 옆에도 역시나 수직으로 뻗은 '백골병단 전적비'가 날카롭게 서 있다. 이 비는 한국전쟁 최초의 유격대로 기록된 '백골병단' 817명 대원의 전과를 기념하고, 364명에 이르는 전사자들의 명복을 빌기 위해 1990년에 조성되었다. 높이 16m의 흰색 비석으로 세워진 이 전적비는 정규군을 기리는 것이 아니라는 점에서 이색적인데, 옆에는 건립취

지비, 형성비, 무명용사추모비가 함께 서 있다.

당시 채명신蔡命新(1926~2013) 중령이 이끄는 백골병단은 육군본부가 1·4후퇴 후 인민군에 대한 정보 수집을 목적으로 임시군번을 부여하고 급히 훈련한 보충대로 구성되었다. 그들은 학도병, 낙오병, 경찰에서부터 '애국자'로 기록된 다양한 민간인들이었다. 그런데 이렇게 구성된 백골병단은 1월부터 3월 말까지 인민군으로 위장하여 그들의 후방을 교란하는 유격 활동을 벌였다. 하지만 백골병단은 후퇴하는 중 설악산에서 보급로가 막혀 아사나 동사로 절반 이상의 병력을 잃고 겨우 귀환하게 된다. 그 후 2010년 6월 25일, 당시 급박한 전황과 열악한 사정으로 해

백골병단전적비

산하였던 생존자 26명이 계룡대 연병장에서 60년 만에 '전역 신고'를 하였다. 한때는 정식 군번이 없다는 이유로 국가유공자로 인정받지 못해 국가를 많이도 원망하였던 노병들의 주름진 눈가가 젖어 들었다.

악명 높은 '서북청년단'이 주축이 되었던 제3사단의 부대 별칭이자 경례 구호로도 들을 수 있는 '백골白骨'은 백골이 되어서라도 적을 격멸하겠다는 전투 의지를 담은 말이었다. 기밀정보 획득을 위한 유격전이라는 특별임무를 부여받은 백

백골병단전적비 안내문

골병단도 '반공'을 강조하기 위해 섬뜩한 해골 이미지를 상징으로 삼았다. 전적비 입구에 걸린 현수막의 붉은 글씨는 강렬하게 내리쬐는 햇빛에 더 선명하게 보였다. "경계하자 북괴의 남침야욕 강력히 응징하자!" 목적어를 공유하는 뒤엉킨 두 문장처럼 머리가 어지러웠다.

그런데 당시 지휘관이자 훗날 베트남전쟁 초대 사령관이었던 채명신의 덕망과 관련된 일화 중 되새겨볼 만한 게 있다. 3월 18일 '필례마을' 인근에서 백골병단은 인민군 간부 13명을 생포하고 '귀순'을 권유하였다. 이에 대남유격부대 총사령관 길원팔 중장은 그것을 거부하며 명예롭게 죽고 싶으니 두 가지 부탁을 들어달라고 청하였다. 자신의 권총으로 자결할 수 있게 해달라는 것과 자기 부대를 따라다니는 열 살짜리 전쟁고아를 양자로 거두어 달라는 것이었다.

채명신은 부탁을 모두 들어주리라 약속했고 권총에 실탄 하나를 넣어 건네고

방을 나왔다. 한 발의 총성 뒤로 그는 '빨갱이 아이'를 찾아 보호자를 자처하였고, 미혼이었지만 전쟁 후 자신의 동생으로 호적에 올렸다. 채명신의 보살핌 속에서 성장한 그 동생은 훗날 서울대를 졸업하고 교수로 후학을 가르쳤다고 한다. 이것은 정전협정 '체결' 시간과 '발효' 시간 사이의 마지막까지도 처절하게 벌어졌다는 고지전이나 숱한 민간인 학살처럼 서글픈 이야기가 많은 한국전쟁사에서 흔치 않게 인간애가 느껴지는 '부탁'과 '약속'에 관한 이야기다. 두루 존경받는 흔치 않은 군인이었던 채명신은 현충원 장군 묘역이 아니라 베트남전 참전군 사병 묘역에 묻혀있다.

동쪽끼리 서로 죽이고 죽였던 전투들은 크고 작은 돌에 새겨졌다. 적혀진 기록은 묻혀있던 다른 기억을 떠올리게 하고, 새로운 기억은 굳어진 기록을 보완한다. 전국의 '독립운동' 현충 시설은 900여 개이고, '국가수호' 현충 시설은 1,100여 개인데 그중 90% 이상이 군부대에서 관리하는 비탑 형태다. 이러한 한국전쟁에 대한 기록과 기억 사이에서 우리는 어떤 미래를 상상하고 준비해야 할까. 전쟁이 남긴 적대적 '분단체제' 속에서 남북화해를 모색하고 한반도 통일의 미래를 위해 기억해야 할 것은 누구의 이름이며 어떤 가치일까. 우리는 기록된 전쟁을 다시 기억하는 것과 더불어 기록되지 못한 이면의 기억을 어떻게 함께 읽어나갈 수 있을까. 돌아오는 길에 가슴 한쪽이 저릿하다.

리빙스턴교에 얽힌 이야기

전쟁이 끝난 뒤 4년 후인 1957년 12월 소양강의 지류이자 북쪽으로 흐르는 인북천麟北川에 처음 건설된 이 다리는 당시 미군 포병부대 장교였던 리빙스턴의 유언을 지키려는 가족의 지원으로 세워졌다. 1951년 6월 10일 리빙스턴이 지휘하는 부대는 적의 공세에 밀려 인북천을 건너 기린면으로 후퇴하자는 결정을 내렸다. 그러나 갑자기 쏟아진 폭우로 급류가 흘러 부대원들은 강을 쉽게 건널 수 없었다. 시간이 지체되는 사이, 합강정合江亭 근처에 매복하고 있던 인민군의 기습 공격으로 대부분 전사하고 말았다. 인민군의 공격을 피해 거센 물살이 흐르는 하천에 뛰어들어 죽는 병사들을 지켜볼 수밖에 없었던 리빙스턴도 중상을 입었다. 그는 "이 강에 교량이 있었다면 이렇게 많은 부하가 희생되지 않았을 것"이라 통탄하며, 부인에게 "이곳에 사비를 털어서라도 교량을 가설해 달라"는 '한스러운 유언'을 남겼다고 전해진다.

그러나 이 다리의 건립 유래를 반박하는 다른 증언도 있다. 2005년 방한한 랠프 호클리 미군 2사단 6·25전쟁 재향군인회장은 "리빙스턴은 중령이 아니라 당시 미 196 포병연대 소속의 소위였다"라고 증언했지만, 미군에 의해 공식적으로 확인된 바는 없다. 호클리 회장에 따르면, 당시 그의 부대는 1951년부터 1954년까지 인제에 주둔했고, 리빙스턴 소위는 1952년 9월 22일 양구 펀치볼 북동쪽 854고지에서 2명의 병사와 함께 전사했다고 한다. 리빙스턴 소위의 희생을 추모하기 위해 미군 10군단 포병부대는 포격연습장을 인제군에 설치하면서 '리빙스턴포격연습장'이란 이름을 붙였다. 그런데 이 포격연습장이 폐쇄되면서 그 이름이 이곳의 다리로 옮겨졌다는 것이다.

애초 리빙스턴교는 길이 150m, 폭 3.6m의 철제 하부와 목재 난간으로 만들어졌던 다리였다. 붉은색 페인트가 칠해진 다리를 인근 주민들은 '빨간 다리'라고 불렀는데, 노후화되자 1970년 12월 육군 207 공병단이 원래 다리 옆에 길이 148m, 폭 7m의 콘크리트로 지어진 현재의 리빙스턴교를 완공했다. 2015년 6월 인제군은 교각만 남아 있던 원래 리빙스턴교에 보강공사를 하여 인도교를 만들고 다리 입구에 조형물과 기념비를 추가했다. 전쟁의 아픔을 기억하고 평화를 기원하는 공간이자 마을의 역사를 기억하는 랜드마크 역할을 하는 이 다리는 그 유래의 진위와는 상관없이 지금도 이 땅을 할퀴고 간 전쟁을 증언하고 현재진행형의 분단을 상기시키고 있다.

리빙스턴교

07

분단국가의 공간에서
진정한 평화의 길을 찾다

| 매바위 인공폭포 − 백골병단 전적비 − 연화동 전적
비 − 삼팔대교 − 한국DMZ평화생명동산 − 서화 순직
장병 충혼비

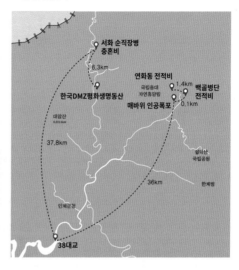

82m에서 쏟아져 내리는 '물계단', 매바위 인공폭포
그때 이곳은 전쟁의 요지였다, 백골병단전적비
40여 년이 지나도 '비극'은 계속된다, 연화동전적비
선(線)이 아닌 통로(通路)로, 삼팔대교
DMZ에서 평화의 길을 찾는다, 한국DMZ평화생명동산
이렇게 희생하라, 서화순직장병충혼비

_____ 우뚝 솟은 매바위와 그곳에서 쏟아져 내리는 인공폭포가 인상적인 인제의 용대리에는 용대삼거리가 있다. 매바위 바로 앞에 있는 용대삼거리는 북쪽으로 진부령을 넘어 고성으로 가는 길과 동쪽으로 미시령을 넘어 속초로 가는 길, 그리고 서쪽으로는 구만동 계곡을 지나 경기도로 가는 길이 맞닿아 있는 곳이다. 이렇듯 오가는 사람들이 많은 곳이라 그런지 매봉산과 마산 사이를 흘러 설악산으로 내려가는 북천가를 따라 해장국집들이 제법 늘어서 있다. 흥미로운 것은 이 해장국집들이 대부분 '황태해장국'을 간판에 내걸고 있다는 점이다. 전국 황태 생산량의 70%를 차지하는 인제다운 광경이다.

_____ 그런데 전쟁이 발발하게 되면 교통의 요충지는 그대로 전략적 요충지가 된다. 용대삼거리도 그러하다. 더구나 인제는 한반도의 허리로서 설악산을 안고 있다. 이런 인제는 다양한 사람들이 오가는 길목이자 동시에 한국전쟁 당시 수많은 전투가 일어나고 사람들이 죽어간 '치열했던 중부전선'의 중심이기도 하였다. 어디든 갈 수 있고, 삼면이 산으로 에워싸였던 곳이다 보니 용대삼거리는 특별히 더 중요한 핵심 요충지일 수밖에 없었다. 그리고 이런 군사적 특성은 상처를 남기게 마련이다.

_____ 인제에 남겨진 전쟁의 상흔이 더 진한 슬픔을 주는 것은 수많은 전투에서 희생된 사람들을 위로하는 충혼비 때문만이 아니다. 그때로부터 40여 년 후 발생하였던 강릉 무장 공비침투사건의 전적비도 이곳에 함께 있어서다. 아직 끝나지 않은, 이제는 끝내야만 할 분단의 그림자가 드리운 이곳에서 잠시 발길을 멈추었다. 어디로 향하여야 할까? 수많은 사람의 움직임 속에 발걸음을 '남면'의 쓸쓸한 삼팔대교가 아닌 '북면'의 DMZ평화생명동산으로 옮겨본다.

82m에서 쏟아져 내리는 '물계단',
매바위 인공폭포

    인제군에서 고성군과 속초시로 이어지는 진부령과 미시령이 만나는 용대삼거리에는 약 90m의 우뚝한 절벽에 만들어 놓은 인공폭포가 있다. 바로, '매바위 인공폭포'다. 다리 건너편에서 보면 매를 닮았다고 해서 '매바위'로 불렀다고 하고, 바위 하나가 산처럼 우뚝해서 '뫼바위'라 불렀다고도 한다. 인공적으로 만들어내는 것이 다 그렇듯, 한때는 예산 낭비가 아니냐는 지적도 받았다. 하지만 인공폭포를 만든 이후로 사람들이 꾸준히 모여들었다. 여름이면 카메라와 휴대폰으로 시원한 물줄기 사진을 찍는 사람들로 붐볐고, 겨울이면 꽁꽁 얼어붙은 빙벽을 아이스바일로 찍어가며 오르는 사람들로 가득 찼다.

80m 높이로 떨어지면서 만들어지는 인공폭포의 물계단

매바위 꼭대기에서 수직으로 떨어지는 물줄기는 곧잘 수많은 바람에 날려 마치 계단처럼 층을 짓는다. 신선이 허공을 딛고 오르면 그 자취가 저리 남을까. 뿜어내는 듯 쏟아 내리는 폭포수가 만든 물계단은 이내 물안개로 피워내며 흩날린다. 수직으로 내리꽂히는 것도, 층을 져가며 흩날리는 것도 장관이지만, 매바위 인공폭포의 진가는 겨울 찬바람에 물줄기가 얼어붙어 생기는 초대형 얼음기둥에 있다.

82m에 달하는 얼음기둥은 매바위 인공폭포가 조성되고 처음으로 맞은 2003년 겨울, 한국 빙벽등반객들의 새로운 놀이터가 되었다. 2003년 2월 7일부터 3일간 열렸던 인제군수 배杯 전국 빙벽대회 이후 매년 겨울이면 많은 빙벽 애호가들이 이곳을 오른다. 빙벽 등반의 재미라면 역시 아찔한 긴장감이 아닐까. 빙벽을 오르는 사람들을 보자면, 안전로프에 단단히 매여 있다 해도 혹여 손이라도 미끄러질까, 아이스바일이라도 빠질까, 보는 사람의 오금을 저리게 한다. 하물며 이 얼음벽이 통째로 떨어져 내린다면? 생각만 해도 아찔하다.

그때 이곳은 전쟁의 요지였다,
백골병단전적비

빙벽을 오르는 사람들이 모여드는 이곳. 지금의 활기찬 움직임과 다르게 한국 전쟁 당시에는 이곳이 전략적 요충지였기에 사활을 건 움직임들이 있었다. 빙벽이 아닌 산을 넘나드는 군인들은 작은 얼음조각 하나에도 온 신경을 곤두세웠으리라. 고요한 정적, 숨소리마저 총격을 부르는 전쟁터에서 죽음을 마주한 채로 이곳을 오갔을 수많은 사람을 생각하면 온몸에 오싹 소름이 돋는다.

인공폭포 바로 맞은편, 하얗게 우뚝 선 탑에는 '백골병단전적비白骨兵團戰跡碑'

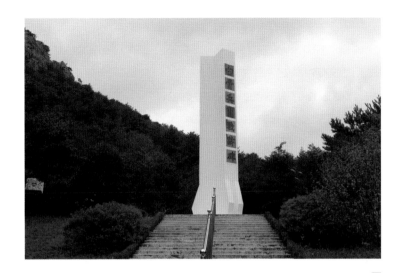

—
백골병단전적비

라는 한자어 일곱 글자가 큰 글씨로 새겨져 있다. 백골 부대가 싸웠던 흔적을 기린다는 뜻에 걸맞게, 열다섯 면 기단에는 누가 언제 어디서 어떻게 싸웠고 죽어갔는지를 지도까지 그려가며 상세하게 적어두었다.

주변을 돌아보니 그럴 만도 하다. 매봉산, 설악산, 마산이 마주 보고 있는 이곳은 북으로는 진부령을 넘어 고성으로, 동으로는 미시령을 넘어 속초로, 서로는 구만동 계곡을 지나 경기도로 갈 수 있는 핵심 요충지였다. 그들이 죽음을 각오하고 전투를 벌였다는 1951년은 북쪽으로 거세게 밀고 올라간 국군이 중공군의 공세에 밀려 다시 서울까지 빼앗기는 '1·4 후퇴'가 있었던 해였다.

백골병단을 이끌었던 사람은 채명신蔡命新(1926~2013) 장군(당시 중령)이었다. 당시 이승만 대통령은 북측의 빨치산(Partisan) 부대와 같은 유격부대를 원했다. 국가기록원의 자료에 따르면 11연대 360명, 12연대 360명, 13연대 194명, 15

주월한국군사령관 시절의 채명신 중장

연대 194명, 16연대 297명, 특별대 24명 등 모두 1,430명으로 이루어진 유격부대가 만들어졌다.

채명신 중령은 11연대를 이끌고 1월 30일 강원도 영원 제7사단 전방지휘소에 도착하여 1월 31일 강원도 영월과 평창에 침투하였다. 이어 12연대와 13연대가 침투하였는데 2월 중순까지는 연대별로 활동하였다. 이후 2월 20일 채명신 중령이 11, 12, 13연대를 규합해 지휘하게 되면서 이들을 백골병단이라 부르게 되었다.

1·4후퇴로 빼앗긴 서울을 되찾은 것은 1951년 3월 15일이다. 채명신 중령과 백골병단이 불과 수백 명으로 종횡무진으로 활동하며, 적진을 교란했던 곳은 강원도 영월, 평창, 양양, 인제 등이었다. 그동안 강원도의 전선은 원주를 중심으로 형성되어 있었다. 백골병단이 창설되어 전투를 벌였던 1951년 2월부터 3월 말까지, 이곳은 말 그대로 전선의 최전방 바로 뒤였다.

채명신 중령의 지휘 아래 백골병단 647명은, 같은 해 3월 30일에 해체되기까지 이렇게 적의 배후를 종횡무진 내달리며 치열한 전투를 벌였다. 백골병단의 전투 기록 중 가장 대표적인 것으로 꼽히는 것은 인민군 중앙당 제5 지대장인 길원팔吉元八 중장을 포함한 13명의 대좌를 생포한 것이다. 일설에는 이 과정에서 364명이 죽었다고 한다. 이로 인해 채명신 중령과 백골병단은 전설이 되었다.

백골병단 전적비에는 백골병단의 전적이 빼곡하게 적혀 있다. 하지만 차가운 돌에 새겨진 그들의 행적에는 그들이 느꼈을 전쟁의 공포와 불안이 생략되어 있다. 말 그대로 사방이 적뿐인 상황에서 바라보는 밤하늘은 어떤 느낌이었을까, 아침에 눈을 뜨면 오늘도 살아있다는 안도감이 먼저 들었을까, 오늘도 살아남아야 한다는 불안감이 먼저 들었을까. 전투에서 상대와 싸워서 얻은 실적과 함께, 사선을 넘는 전투의 현장에서 삶과 죽음이 끊임없이 교차하는 순간들의 연속이 비석에 기록되어야 하지 않았을까.

40여 년이 지나도 '비극'은 계속된다,
연화동전적비

끝난 것 같은 한국전쟁은 아직도 끝나지 않았다. 백골병단전적비가 있는 매바위에서 진부령 방향으로 채 5분도 못 간 곳에는 1996년 강릉 무장공비 침투사건 때 희생된 3명의 군인을 기리기 위한 전적비와 안보전시관이 있다. 그곳으로 발걸음을 옮기면, 한적하고 너른 주차장 왼편으로 전시용 탱크 두 대와 은빛 철제 조형물이 방문객을 맞이한다.

1996년 강릉 일대에 북의 무장공비가 침투했을 때, 군은 두 달에 걸쳐 하루 평균 4만2,000명의 전투 병력을 투입하였다. 이 과정에서 군인 12명, 예비군 1명, 경찰 1명, 민간인 4명이 사망했고, 27명이 부상 당하였다. 남북 양쪽에서 70명이 죽거나 다쳤고, 수천만 명이 공포에 떨었다.

1996년이면 한국전쟁 때 중학생 정도였던 이들도 손자를 볼 나이가 되었을 때다. 안타깝게 목숨을 잃은 군인 12명 중 가장 나이가 많았던 오영안 준장은 1949년생으로 당시 48세였다. 생포된 한 명을 빼고 전원 사망한 무장 공비 25명 중 가장 나이가 많았던 대좌 김동원이 50세, 전투병을 이끌었던 중좌 만일춘이 48세였다. 한국전쟁 때 싸웠던 그들의 아버지들과 마찬가지로 40여 년이 지나서도 그 자식과 손자들은 여전히 적으로 만나 서로를 죽이는 전투를 벌였다.

연화동전적비

연화동전적비가 세워진 것은 1998년 11월 5일. 1군 사령부, 3군단 사령부, 기무사령부 장병들과 인제군민이 4억6,000만 원을 들여 비를 건립하고 기념공원을 조성했다. '연화동전적비蓮花洞戰跡碑'라는 한자어가 새겨진 검은 기단석 위로, 두 개의 긴 삼각기둥이 서로 기대고 있고, 그 사이로 작은 삼각기둥 하나가 거꾸로 세워져 있다. 이 중에서 좌측 삼각주는 국가의 통일을, 우측의 삼각주는 국민적 성원을 의미하며, 중앙의 역삼각주는 희생된 전사자의 넋을 추모하는 의미를 담고 있다고 한다. 그 당시 희생당한 오영안 준장, 서형원 소령, 강민성 병장 등을 추모하고 있다.

하지만 이 전적비를 찾는 사람들은 희생자들의 죽음을 애도하고 넋을 추모한다는 느낌을 받기 어려울 것 같다. 차가운 금속성을 강렬하게 드러내는 전적비는 불안함을 전한다. 무언가를 찌를 듯이 날카롭게 벼려진, 마치 칼과 같은 형상을 한 삼각주들이 얽혀 있는 전적비의 모양새는 죽은 자에 대한 기억을 흐릿하게 만든다. 이 조형물의 이름이 '추모비'가 아닌 '전적비'임에서 알 수 있듯이 희생자에 대한 애도와 추모보다는, 적을 찌를 듯 하늘을 찌를 듯 뾰족한 국가주의적 용기와 기개를 찬양하고 있기 때문이다.

게다가 전적비로 오르는 계단 앞에 붉은 글씨로 쓰인 '무장 공비 사살 지점'이라는 투박한 푯말은 '죽음'을 강조한다. '우리'는 '희생'을 '당'했기에 '저들'을 '사살'한다. 이처럼 전쟁은, 그것이 냉전의 또 다른 형태라고 하더라도 폭력을 정당화하고 심지어 찬양한다. 하지만 목숨의 무게는 이념과 상관없이 모두에게 같은 것이다. 그렇다면 폭력에서 벗어나 인권을 되찾고 평화를 만들어가는 길은 아마 이 생명의 무게로부터 시작해야 할 것이다.

선(線)이 아닌 통로(通路)로, 삼팔대교

분단국가에서 안보安保는 항상 국민의 안전을 보호하는 것이 아니라 국가의 안전을 보호하는 것으로 전환되는 경향이 있다. 44번 또는 46번 국도를 타고, 춘천에서 인제로 넘어오는 남면의 길목에는 '삼팔대교'가 있다. 관대리로 향하는 삼팔대교에 들어서면 하늘 높이 펄럭이는 거대한 태극기와 그 아래에 꽃으로 '38'이라 꾸민 커다란 글자가 놓인 언덕이 정면에 보인다. '38'은 1945년 팔일오(8·15) 해방 이후 미소 열강에 의해 그어진 잠정적인 분단선이었다.

하지만 우리 민족사에 새겨진 분단의 상처이자 적극적인 극복의 대상이었던 '38선'은 국가를 상징하는 태극기와 연결되면서 전혀 다른 의미가 되어버렸다. 태극기 아래 38선은 극복해야 할 대상이 아닌, 대한민국이라는 국가의 안보를 상징하는 대상이 되어버린 것이다. 이 삼팔대교는 약 360억 원가량의 공사비로 건설되었다고 한다. 북과 대치하고 있는 휴전선 가까운 곳이라는 상황도 있겠지만, 분명 아쉬움이 드는 상징물임은 틀림없다. 그런 커다랗고 값비싼 다리가 38선을 바라보며 민족의 역사적 상처인 '분단'을 극복하고 미래로 나아가는 희망과 의지를 형상화하지 못하고, 분단국가주의에 포섭되어 오히려 적대성을 재생산하고 있기 때문이다.

2005년 시작해 2009년 개통된 삼팔대교의 다른 이름은 원래 '관대교'였다. 관대리를 오가는 다리라는 뜻이다. 1973년 소양강 댐 건설과 함께 불어난 물에 관대리는 고립된 섬이 되어버렸다. 다리가 없던 동안 관대리 사람들은 나룻배를 타고 소양강을 건너거나 멀리 돌아서 광치령 고개를 넘어야만 인제 읍내로 나갈 수 있었다. 36년 만에 섬과 같았던 관대리와 육지를 잇는 다리가 완성되었기에 사람들은 더욱 쉽게 오갈 수 있었다.

다리 주변 소양강의 수려한 풍광이야 두말할 것도 없지만, 삼팔대교는 교량 자체로도 매우 훌륭한 자태를 지니고 있다. 700m 길이의 교량은 열 개의 교각으로 받쳐지고 있는데, Y자의 단정한 교각 상부가 교량 위로 살짝 튀어나와 독특한 개성을 보여준다. 가로등 기둥을 높게 세우는 대신 안전 난간의 등이 가로등의 불빛을 대신한다. 안전 난간의 등은 갖가지 색깔로 물들어가는 산골 풍경을 방해하지 않으면서도 담담하게 자신을 뽐내는 단아함을 지녔다. 실제로 다리를 직접 건너보면 삼팔대교의 멋을 더욱 분명히 느낄 수 있다.

현대 기술이 더 많은 사람에게 편리함을 가져다줄 수 있다면 당연히 이를 활용하고 적용해야 한다. 그러나 다리 건설 이전 관대리 주민은 40여 명에 불과했고, 이 40여 명을 위해 360억 원씩이나 들여 다리를 건설하는 것은 '예산 낭비'라는 비난의 목소리가 높았다. 일각에서는 관대리를 잇는 다리 건설을 '전시행정'으

삼팔대교

로 여기기도 하였다. 하지만 결국 관대리는 관대교로 육지와 연결되었고, 이로 인해 관대리 주민 전체의 삶이 바뀌고 있다. 관대리와 읍내가 연결되면서 관대리에서 생산한 농산물을 판매할 수 있는 경로가 열렸다. 또한 접근성이 좋아지면서 소양강의 절경에 반한 많은 외지인이 관대리로 들어오기 시작하였다. 삼팔대교로 인해서 관대리 주민의 삶뿐만 아니라 그 주변과 지역 사람들의 삶에도 변화가 일어나고 있다.

삼팔대교의 살짝 튀어나와 있는 교각 상부마다 양각으로 새겨진 물고기들, 하늘로 향하는 그 은빛 물고기들은 소양강을 자유롭게 헤엄치는 빙어들이다. 안전 난간의 물고기 모양 역시 빙어다. 인제 소양강의 빙어들은 아마도 38선에 얽매이지 않을 것이다. 눈에 보이지 않아도, 우리에게 넘어서는 안 될 것만 같은 위압감을 뿜어내고 있는 38선을 자유롭게 다니는 빙어가 삼팔대교에 새겨져 있다는 점에서 이 다리의 이름은 '삼팔대교' 보다는 '관대교'가 더 어울리는 것 같다.

삼팔대교의 '38'은 한반도의 분단이 시작된 상처를 상징한다. 분단을 극복할 미래의 우리를 그리기 위해서는 자유롭게 오가는 인제의 빙어들처럼 적대적 가르기의 산물인 '선線'을 넘어설 수 있어야 한다. 그런 의미에서 고립된 관대리를 '통通'하게 만든 다리에서 이제는 '38'을 떠나보내야 할 때가 되었다.

DMZ에서 평화의 길을 찾는다,
한국DMZ평화생명동산

고성에서 동쪽으로 진부령을 넘어오면 인제. 인제에서 동쪽으로 대암산을 넘어가면 양구. 고성 최북단에는 평화와 공존으로 함께 가자는 DMZ박물관이 있고, 양구로 넘어가는 인제군 북면 길에는 평화와 생명을 품자는 DMZ평화생명동산이 있다. DMZ박물관과 DMZ평화생명동산을 보면 자꾸만 어떤 소설의 제목을 패러디해서 다음과 같이 말하고 싶다. "DMZ의 끝에서 평화를 외치다!"

한국DMZ평화생명동산은 2006년부터 3년에 걸쳐 조성되어 2009년 9월 문을 열었다. 12만4,210m²의 부지에 전시, 교육, 숙박을 위한 건물들과 함께 '생명살림 오행동산', '풍류마당', '오행순환의 집', '태양광 에너지 체험장', '자생 향기식물정원', '점고개 사과밭', '퇴비장', '연못', '삼태극호 머리', '서화평화도서

한국DMZ평화생명동산

관' 등이 들어서 있다. 여기서 알 수 있듯 'DMZ'는 'DMZ평화생명동산'이 가진 여러 정체성 가운데 하나일 뿐이다.

DMZ는 분단과 전쟁이 낳은 공간이다. 그렇기에 그곳은 폭력이 난무하는 곳이자 끊임없는 생명의 희생을 강요하는 공간이다. 그와 동시에 DMZ는 분단과 전쟁의 고통을 스스로 치유하는 힘을 가진 공간이기도 하다. DMZ에는 그곳의 사람들이 살아온 지울 수 없는 역사와 삶도 묻어 있기 때문이다.

분단과 전쟁이 어두운 역사의 한 장면들이라면, 그 어두움을 딛고 일어설 힘 역시도 사람들의 삶에서 찾을 수 있다. 그래서 이들 모두를 가지고 있는 DMZ는 어두움을 자정할 수 있는 능력을 지닌 곳으로 자리매김할 수 있다. DMZ에서 평화의 길을 찾는 작업은 어두움을 물리칠 첫 발걸음이 될 것이다. 평화는 전쟁과 분단의 어두운 기억으로 얼룩진 이 땅을 나무와 새들이 번성하는 공간으로 바꾸는 첫걸음이기 때문이다. 한국DMZ평화생명동산은 그 첫걸음에 모든 노력을 기울이고 있다.

이렇게 희생하라,
서화순직장병충혼비

'한국 DMZ평화생명동산'에서 더 위로 올라가다 보면 당봉산공원이 있다. 이곳에는 1954년 1월에 순직한 장병들을 위령하는 '서화순직장병충혼비'가 있다. 충혼비에 적힌 59명은 이곳에서 근무를 서다 2m 이상의 폭설로 참사를 당한 이들이다. 서화순직장병충혼비의 짤막한 설명에는 '조국의 안보를 위하여 근무를 하던 중'이라는 말이 있다. 그래서 '순직 장병'인 것이다.

순직은 있을 수 있다. 소방관도 경찰관도, 심지어 구청 직원도 순직한다. 죽음 그 자체는 매우 비통한 일이다. 하지만 매우 높은 위험도를 갖는 직무들이 있다. 특히 언제나 총칼을 휴대해야 하는 군인의 경우 그 위험은 배가되는 것이 사실이다. 폭설 참사로 숨진 59명이라는 사람의 수는 강릉 무장 공비침투사건으로 희생당한 군인과 민간인 총합보다 두 배가 넘는다. 하지만 전쟁 상황도 아닌데 59명이 순직한 것이다. 이는 열악한 근무 환경이 낳은 참사였다.

1954년 1월 서화면 설악산 향로봉 아래 1,200m 전방 고지에서 근무를 서던 5사단 열쇠부대 장병 59명은 2m 이상의 폭설에 고립되어 참사를 당하였다. 1956년 5월 육군 5사단장이었던 박정희 장군은 순직한 장병들의 넋을 기리고 참된 군인 상을 보여주고자 순직장병충혼비를 세웠다. 하지만 이곳에서의 순직은 열악한 근무 환경이 낳은 것이었기에, 군부대의 환경을 더 안전하게 구축해야 할 필요성이 강력하게 제기되었다. 군인은 국가를 지키는 무력武力이기 이전에 국민이기 때문이다. 진정한 안보는 국민의 생명을 지키는 것이다.

그러나 이곳 충혼비에서는 군인의 안전한 근무 환경 조성에 대한 실질적인 조치에 대한 언급 없이 '참된 군인상'만을 강조하고 있다. 즉, 이 공간은 장병들의 추모 공간이 아니라 군권을 휘두르는 권력자들이 다른 군인들 혹은 다른 국민에게 원하는 '희생상'을 선전하는 공간이 된 것이다.

본관 내부에는 박정희 전 대통령과 관련된 사진들과 휘호 등이 비치되었으며, 심지어 한 편에는 박정희 전 대통령 내외의 영정사진을 가져다 놓고 분향을 할 수 있도록 해 놓았다. 권력은 폭설로 숨진 59명을 애도하고 기억하기보다, 그렇게 폭설로 죽어간 장병들의 고통마저 자신들의 권력을 위한 도구로 사용하고 있는 것처럼 보인다.

분단 때문에 만들어지고 권력에 의해 공고화된 DMZ는 매우 견고해 보인다. 그러나 우리가 이 길을 함께하며 지나온 많은 장소에서 분단을 넘어서는 힘이 내재하여 있음을 보았다. 곳곳에 내재하여 있는 그 힘들은 DMZ를 '분단의 산물'로

만 인식할 때는 제대로 느끼기 어렵다. DMZ가 가진, 그리고 분단이 가진 그 정형화된 이미지에서 인간과 생명의 온기를 살피고자 노력할 때, 가려진 미래지향적 힘들이 보이기 시작한다. 결국 분단을 공고화하는 기반에 균열을 가하고 한반도에서 분단의 그림자를 걷어내는 일은 DMZ에서 시작해야 한다. DMZ에서 평화의 힘, 평화의 길을 찾으면 그 길은 분단 극복과 통일로 이어질 수 있다. DMZ의 힘은 분단과 적대가 아니라 생명과 평화이기 때문이다.

공비? 간첩? 이게 뭐지?

강릉 무장공비 침투사건에서 '공비'는 무엇을 말할까? 공비는 공산 비적共産匪賊의 준말이다. 비적匪賊은 무장하고 떼를 지어 다니며 사람들을 해치는 도둑을 의미한다. 즉 공비共匪는 무장하고 떼를 지어 다니며 사람들을 해치는 도둑 떼와 같은 공산주의자들을 말한다. 그런데 한반도가 남과 북으로 나뉘어 있고, 북한이 공산주의를 받아들였다는 점에서 공비는 북한에서 직접 파견하여 남한으로 침투한 무장 간첩단을 가리키는 말이 된다.

공비의 자세한 뜻이 이러한데, 여기서 또다시 의문이 드는 단어가 하나 있다. 바로 '간첩'이다. 간첩間諜은 적이나 경쟁 상대의 정보를 몰래 알아내어 자기 편에 보고하는 사람을 말한다. 다시 한반도의 상황에 비추어보면 강릉 무장 공비침투 사건에서 잠수함을 타고 내려온 간첩단은 '한국의 정보를 몰래 알아내어 북한에 보고하는 사람'이라 할 수 있다. 마치 첩자와 같은 존재다. 그런데 이들이 '무장'을 하고 있었으니 이들의 목적은 단순히 정보의 탈취에만 국한되는 것이 아님을 미루어 짐작할 수도 있다.

이런 단어들의 뜻을 보았을 때 반대의 상황도 충분히 상상해볼 수 있다. 북한이 한국에 간첩을 보내는 상황을 반대로 생각하면 한국이 북한에 간첩을 보내는 상황도 가능하지 않을까? 이런 간첩들은 아주 오래전부터 세계 각국에서 존재했기에 한국이라고 해서 간첩을 보내지 않을 이유가 없으니 말이다.

한국도 간첩을 파견한 바 있다. 그런데 한국에서 북으로 보낸 간첩은 간첩이라 부르지 않는다. 일반적으로 이들을 일컫는 말은 '북파공작원'이다. 이들은 한국전쟁 시기부터 활약하였다. 각 군 본부의 정보국 소속이며, 특수임무 수행자라고도 불린다. 과거에는 이들의 존재를 국가가 인정하지 않았으나, 여러 북파공작원 출신 인물들이 법정 공방을 벌인 끝에 2002년 북파공작원의 존재를 인정하는 최초의 판결이 나왔고, 이들을 예우하는 법률까지도 만들어졌다.

남과 북은 한국전쟁을 거치며 서로가 서로에게 간첩을 보냈다. 그중 많은 수의 간첩들이 사살되었다. 국가의 안전을 보호하는 측면에서 간첩은 반드시 막아야 할 존재다. 그러나 한반도의 남과 북이 서로에게 간첩을 보냈었다는 이 슬픈 역사적 사실은 분단이라는 현실이 얼마나 남과 북을 서로 적대하고 불신하게 만들고 있는지, 그리고 그 결과 누가 희생되고 있는지를 보여주는 증거다.

08

인제의 인물들, 기린(麒麟)의 발자취를 따라 걷는 길

| 인제산촌민속박물관 – 박인환 문학관 – 백담사 – 동국
대학교 만해마을 만해평화지종 – 동국대학교 만해마을
만해문학박물관 – 여초서예관 – 한국시집박물관

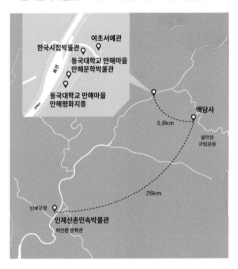

국내 유일의 산촌민속 전문박물관
박인환문학관, 청년 모더니스트의 '목마와 숙녀'를 기리며
백담사, 고즈넉한 산사에 남은 만해의 발자취
만해의 발자취가 깃든 만해평화지종과 만해문학박물관
여초서예관과 한국시집박물관, 그 깊은 정서들

_____ 인제군의 '인제麟蹄'라는 지명은 고려 태조 23년에 새로 얻은 이름이다. 그전까지 이곳의 이름은 '저족猪足현'이었다. '돼지 저猪'에 '발 족足', 말 그대로 '돼지의 발'이라는 뜻이다. 하지만 바뀐 이름인 '인제'는 '기린 인麟'에 '발굽 제蹄'로, 말 그대로 상상의 동물인 '기린麒麟의 발굽'이라는 의미를 지니고 있다. 재미있는 이름이다. 하지만 돼지든 기린이든 그 이름만은 예사롭지 않다.

_____ 사람들은 개꿈을 꾸었으면 침 한번 뱉어야 하고, 돼지꿈을 꾸었으면 복권을 사야 한다고 말한다. 우리에게 돼지는 복福을 상징하는 영물이다. 저족현의 족足자는 문자 그대로의 의미인 '발'로 읽을 수도 있지만, '발'은 어떤 것의 근본이자 동력을 상징할 수도 있다. 그래서 저족현이라는 마을 이름은 복의 근본이 되는 마을, 복의 상징인 돼지가 많은 곳이라는 의미일지도 모른다.

_____ 반면 기린은 '사령四靈' 중 하나로, 성인聖人이 세상에 등장할 때 같이 나타난다는 상상의 동물이다. 또한, 재주와 지혜가 뛰어난 총명한 젊은이들을 가리켜 '기린아麒麟兒'라고 부른다. 그래서 이곳은 기린의 발굽이 찍힌 마을, 재주와 지혜가 뛰어난 젊은이들이 태어나고 자라는 마을이라는 의미를 지니는지도 모른다.

_____ 실제로, 인제에는 역사에 큰 발자취를 남긴 기린아들의 흔적이 남아 있다. 그들의 자취는 오늘날 '인제산촌민속박물관'과 '박인환 문학관'에서 시작하여 '백담사'를 지나 '만해마을'과 '여초서예관', 그리고 '한국시집박물관'으로 가는 길 위에 남아 있다. 인제에 자취를 남긴 기린아들은 모두 역사의 도도한 물결 속에서 살아가는 삶의 애환과 자연의 멋, 그리고 아름다움을 추구했다.

국내 유일의
산촌민속 전문박물관

인제는 산악지역이다. 험준
한 태백산맥의 서쪽 자락에 자리
잡은 인제는 산악에 적합한 삶의
방식을 일구어왔다. 인제산촌민
속박물관은 사라져가는 산촌의
민속문화를 보존, 전시, 교육하기
위한 목적으로, 2003년 10월에
설립된 국내 유일의 산촌민속 전
문박물관이다.

인제산촌민속박물관 생활 모형

1960년대 산촌 사람들의 삶
의 모습을 다룬 전시실은 크게 두 가지의 테마로 구성되어 있다. '산촌 사람들의
삶과 믿음의 세계'는 산촌의 세시풍속과 생업, 마을 신앙 등을, '산촌 사람들의 애
환과 여유'에서는 올챙이국수, 막국수, 옹심이 등의 산촌 음식과 천렵, 부럼깨기,
단오취떡 등의 민속놀이를 전시하고 있다. 인제지역 주민들의 자료 기증과 참여
로 전시물이 수시로 바뀌고 있어 살아있는 박물관이라 할 수 있다.

시간의 흐름과 현대화로 사라져가는 산촌의 민속문화를 보존한다는 취지에
걸맞게 아기자기한 디오라마(diorama: 3차원의 실물 축소 모형)와 유물들이 관람객
들을 반기며 산속 사람들의 일상을 한눈에 보여준다. 특히, '풍경이나 그림을 배
경으로 두고 축소 모형을 설치해 역사적 사건이나 자연 풍경'을 보여주는 디오라
마는 산촌의 민속문화를 그대로 재현한 것 같다. 그리고 디오라마와 유물은 자연
이 주는 압도적인 위압감에 휩쓸리지 않고, 오히려 그 흐름에 따라 살아간 산촌

사람들의 지혜를 보여준다. 산촌 사람들은 계절의 흐름과 함께 한다. 옷가지, 농기구, 밥상 차림 모두가 그렇다.

하지만 삶은 투쟁이기도 하므로 지속해서 생존을 위협하는 환경에 대응하여 자신을 지키는 노력이 필요하다. 삶이 지닌 무게는 절대 가볍지 않다. 이러한 삶의 무게 앞에서 '시'는 비참한 현실에 대한 고발이자 지배에 대한 저항의 방식이 되기도 한다.

박인환문학관,
청년 모더니스트의 '목마와 숙녀'를 기리며

인제산촌민속박물관을 나오면 맞은편에 인제 출신의 시인 박인환을 주제로 한 '박인환문학관'이 있다. 시 「목마와 숙녀」로 유명한 박인환은 해방기 청년 모더니스트로, 좌우 이념의 구분이 없는 자유로운 문화공간인 서점 '마리서사'를 운영하였다.

박인환문학관에는 박인환과 그의 친구들이 모여들던 명동거리를 재현해 놓았다. 문인들의 사랑방이 되었던 '마리서사', 문학 이야기를 나누던 다방들, 이름난 사람들이 드나들던 술집, 댄디보이 박인환이 소소하게 즐겼던 대폿집. 그리 크지 않지만, 재현된 명동거리를 거닐면 마치 그때의 명동으로 가는 듯하다.

박인환 시인의 옷맵시는 화려하였지만, 전쟁의 참화가 휩쓸고 지나간 자리에 남겨진 짙은 허무와 절망, 그리고 그 불안은 시인 자신과 시대를 지배하였다. 「목마와 숙녀」는 "한 잔의 술을 마시고/우리는 버지니아 울프의 생애와/목마를 타고 떠난 숙녀의 옷자락을 이야기한다"로 시작한다. 박인환은 한국전쟁으로 폐허가 된 현실의 절망과 암울함 속에서 느끼는 삶의 비극을 '죽음의 정서'를 통해 노래

박인환문학관

한 것으로 평가받고 있다.

버지니아 울프는 영국의 소설가다. 소설 『출항』으로 데뷔한 그녀는 어머니, 아버지의 죽음 이후, 59세의 나이에 런던 우즈강에 뛰어들어 생을 마감했다. 박인환은 버지니아 울프의 죽음과 관련해 이렇게 읊었다.

불이 보이지 않아도
그저 간직한 페시미즘의 미래를 위하여
우리는 처량한 목마 소리를 기억하여야 한다
모든 것이 떠나든 죽든
그저 가슴에 남은 희미한 의식을 붙잡고
우리는 버지니아 울프의 서러운 이야기를 들어야 한다.

누군가는 지금, 이 순간에도 삶의 고통을 이기지 못하고 스스로 삶을 등진다. 남은 자들에게 그들의 떠남은 전혀 가볍지 않으며, 남겨진 자들은 죽은 자의 선택을 두고 왜 세상을 떠났는지 질문을 던지게 된다. 그래서일까? 시인은 이렇게 다시 묻는다.

인생은 외롭지도 않고
그저 잡지의 표지처럼 통속하거늘
한탄할 그 무엇이 무서워서 우리는 떠나는 것일까

그래서 우리는 한 잔의 술잔을 든다. 삶은 '생에 대한 맹목적 의지'라고 했던가. 하지만 그토록 '허무虛無'한 삶 속에서도 우리는 누군가를 사랑하고 무언가를 욕망한다. 억압적인 인연이 만들어내는 번뇌를 벗어나기 위해 속세를 등졌던 스님도 그것을 벗어날 수는 없었던 것일까? 그래서 우리는 피안의 세계로 떠난 부처보다는 중생을 구제하기 위해 비참한 현실에 남은 보살을 그리는 것인지도 모른다.

백담사,
고즈넉한 산사에 남은 만해의 발자취

인제에는 오물 덩어리 세상에 남아 중생의 고난을 함께 했던 스님의 자취가 남아 있다. 충남 홍성군에서 태어난 만해 한용운萬海 韓龍雲은 위대한 시인이자, 승려이며, 독립운동가로 이름이 높다. "님은 갔습니다"로 시작하는 유명한 시 「님의 침묵」이 탈고된 곳이자, 불교 개혁을 주장한 『조선불교유신론』이 탄생한 곳이 바

백담사

로 이곳 인제의 백담사다.

만해를 찾아 백담사로 발걸음을 옮겼다. 인제군청에서 원통院通으로 가다가 한
계교차로에서 46번 국도를 탄다. 설악산 미시령 방향으로 가다가 보면 백담사 입
구가 나오고 이곳에 주차하고 나면 백담사까지 가는 길은 7km 정도가 남는다.
걸어서 가도 되고, 마을버스를 타고 가도 된다. 내설악의 경치를 즐기는 것이 흔
한 일이 아니기에 걸어보기로 한다.

기린의 발굽처럼 좋은 기운은 좋은 땅에서 나온다. 인제의 산세는 비경秘境이
라 할 정도로 기기묘묘奇奇妙妙하다. 물이 맑고 깊은 산에는 고즈넉한 사찰이 자리
잡는다. 백담사는 이러한 지리에 자리 잡은 대표적인 사찰이다. 백담사로 가는 길,
주변이 워낙 아름다워 힘들다는 생각은 들지 않는다. 경치를 따라 걷다 보면 개울

위로 놓인 돌다리가 나타난다. 그 너머로 금강문이 보인다. 어느새 백담사다.

백담사 안으로 들어서면 오른쪽에 만해기념관이 있다. 산 아래에 있는 만해마을의 만해문학박물관에 비하면 훨씬 작고 초라해 보이지만 만해기념관은 또한 다른 맛이 있다. 백담사는 여덟 번이나 불에 타고 다시 세워졌으며 그때마다 이름이 바뀌었다고 한다. 화마를 이기기 위해 지은 마지막 이름이 지금의 이름, '백 개의 연못'이다. 강직했던 만해 또한 그 기운에 이끌렸던 것일까. 만해와 같은 사람만 세상에 있다면 이 세계가 과연 부조리할 수 있을까. 5·18 당시, 광주에서 일어난 학살의 책임자였던 자가 여기에 머물렀던 것 자체가 모순이다. 속세를 떠난 이곳에서도 억겁의 인연이 만든 번뇌에서 벗어나기는 쉽지 않다.

만해의 발자취가 깃든
만해평화지종과 만해문학박물관

잠시나마 마음의 위안을 주었던 백담사를 뒤로하고 내려와서 동쪽을 향해 가다 보면 산 아래에 만해마을이라는 표지판이 나온다. 마을의 입구, 경절문徑截門을 통해 들어간다. 경절문은 중생이 일정한 단계를 거치지 않고 자신이 가진 본래의 마음을 터득하고 곧바로 부처의 경지에 오르는 문을 의미한다. 이 문으로 들어서면 시작부터 경관이 평범하지 않다.

평화를 기원하는 시인들의 시를 새긴 동판들이 벽을 따라 걸려 있기 때문이다. 많은 사람의 염원이 모여 있기 때문일까. 아니면 그 염원의 무게가 깊어서일까. 동판들 하나하나가 가슴을 저리게 한다. 동판들 사이로 보이는 풍광은 눈이 시리도록 아름답다.

가운데 큰길을 두고 양옆으로 늘어선 건물들, 그 사이로 난 길을 따라 흐르는

만해문학박물관에 세워진 만해 흉상

개울, 천천히 걸으며 주변을 바라보기만 해도 색다른 분위기에 흥취가 인다. '님의 침묵 광장'을 지나 '만해평화지종'을 둘러보고 '만해문학박물관'으로 향한다.

만해문학박물관은 만해를 기리기 위해 2003년 8월 9일 만들어졌다. 1층 상설 전시실에 들어서면 로비 벽면에 걸려 있는 '풍상세월 유수인생風箱歲月 流水人生'이라는 글씨가 눈에 들어온다. 만해가 친히 쓴 글씨라고 한다. 전시실 내부로 들어서면 만해의 초상화와 일대기, 그리고 친필 서예 작품·작품집들을 연대별·주제별로 볼 수 있다.

만해의 발자취를 따라 걸었기 때문일까? 만해문학박물관을 둘러보고 밖으로 나오면 내설악 자락에 자리를 잡은 이곳 마을의 정취가 물씬 풍겨온다. 콘크리트 건물들과 나무들이 어색하지 않고 곧게 난 대로를 걸으며 듣는 산새 소리가 수선스럽게 느껴지지 않는 것은 이 마을이 풍기는 고즈넉함 때문일까? 그 사이로 님의 침묵이 흐른다.

"님은 갔습니다. 아아 사랑하는 나의 님은 갔습니다. 푸른 산빛을 깨치고 단풍나무 숲을 향하여 난 작은 길을 걸어서, 차마 떨치고 갔습니다. … 그러나 이별은 쓸데없는 눈물의 원천을 만들고 마는 것은 스스로 사랑을 깨치는 것인 줄 아는 까닭에, 걷잡을 수 없는 슬픔의 힘을 옮겨서 새 희망의 정수박이에 들어부었습니다. … 아아 님은 갔지만 나는 님을 보내지 아니하였습니다. 제 곡조를 못 이기는 사랑의 노래는 님의 침묵을 휩싸고 돕니다."

여초서예관과 한국시집박물관,
그 깊은 정서들

만해문학박물관을 나와 옆 건물을 향해 걸으면 소나무 숲길 사이로 '여초서예관'이 나온다. 여초 김응현如初 金膺顯은 이 시대의 명필로 추앙받은 인물이다. 심지어 어떤 사람들은 '추사 다음은 여초'라고 하며 그를 높이기도 한다. 1996년 여초는 한계리에 집을 지으며 인제와 인연을 맺었다. 여초 김응현을 찾아 서예관으로 들어선다.

만해마을에서 건물들의 곧은 선이 눈에 들어왔으나 산의 기운이 강하게 내리는 곳이어서 그런지 그 선들이 강해 보이지 않았다. 여초서예관 건물의 곧은 선들은 자유로우나 방만하지 않고 강하나 주변을 범하지 않으며 오히려 서로를 융화시킨다. 2012년 여초서예관은 한국건축문화대상 우수상을 받았다.

서예관에서는 여초 김응현의 생애부터 작품까지 여초의 발걸음을 한눈에 볼 수 있다. 그의 서체에는 물이 흐르는 듯한 여유로움과 강직한 힘이 있다. 서예관

여초서예관

의 건물은 여초의 필체를 닮았다. 굽이쳐 흐르는 물과 강하게 솟아오른 내설악의 기운은 여초의 서체와도 너무나 어울린다. 여초는 사고로 오른손이 불편했을 때도 붓을 멈추지 않고 왼손으로 연습하여 좌수전左手展을 열었다. 이러한 그의 성품이 서체에 그대로 드러나 있는 듯하다.

여초서예관을 나오면 바로 근처에 '한국시집박물관'이 있다. 한국시집박물관에는 국내외 300여 명의 시인과 소장자들이 기증한 1만여 권의 시집이 있다. 그중에는 정지용, 이육사 시집을 필두로 김억의 번역시집인 『오뇌의 무도』, 최초의 창작 시집으로 평가받는 김억의 『해파리의 노래』 등 평소 접하기 어려운 1950년대 이전 간행 희귀시집도 100여 권이나 있다.

하지만 이 중에서도 반드시 보아야 할 시인들이 있다. 바로 인제가 배출한 기린아인 한용운과 박인환이다. 한용운은 1925년에 이곳 내설악 백담사에서 쓴 시

한국시집박물관 내부

집 『님의 침묵』한 권으로 문단사에 커다란 발자취를 남겼다. 그는 동인지의 구성원도 아니었고 문단에 소속된 시인도 아니었다. 하지만 그는 이 시집 한 권으로 당시 문단에서는 보여주기 어려웠던 문학적인 깊이와 폭을 남겼다.

박인환은 평양의학전문학교를 중퇴하고 1946년 12월 〈국제신문〉에 「거리」를 발표하며 등단하였다. 한국전쟁이 일어나자 종군기자로 활동하면서 시작詩作을 계속하였고, 동인지 활동 및 시집 출판도 이어갔다. 그는 1955년 「목마와 숙녀」가 수록된 시집 『19일간의 아메리카』와 『박인환 시선집』을 출간하고, 이듬해에 죽었다. 그는 전쟁으로 파괴되고 죽어가는 모든 것들에 대한 슬픔과 인간의 근

시인나무 숲

원적인 비극을 노래하였다. 그의 시에는 분단의 역사와 전쟁의 상처가 깊숙이 배여 있는 것이다.

한국시집박물관을 나오면 건물 밖 공원에 소나무 숲인 '시인나무 숲'이 있다. 그리고 그 사이사이로 이어지는 길들을 따라 시인들의 시들이 전시되어 있다. 그 길을 걸으며 우리 민족이 겪어야 했던 식민과 분단, 그리고 전쟁의 고통을 생각하며 여전히 지속되는 그 상처를 아파하였던 시인들과 조용히 인사를 나눠 본다.

동국대학교 만해마을 만해평화지종

사찰의 범종루는 대체로 누각과 지붕, 단청을 갖추는 전통 한옥 양식이다. 이에 반해 만해평화지종의 범종루는 좌우의 기둥과 비를 피할 정도의 지붕만 있고, 벽이 없다. 이곳을 찾는 누구나 자유롭게 출입하여 종을 울릴 수 있도록 하기 위해서라고 한다.

범종에는 만해 한용운의 정신을 기리며 평화를 염원하는 내용이 다음과 같이 새겨져 있다.

삼가 만해선사를 생각하면 지금도 조국과 민족이 흥망의 위기에 처하여 떨쳐 일어났던 삼일독립만세의 우렁찬 함성이 들려옵니다.

이에 온겨레의 뜻과 국가의 정성을 모아 이곳 강원도 인제군에 만해마을을 조성하고 선사를 추모하면서 그 높은 사상과 깊은 정신을 기려 나아가고자 구리 만근으로 만해 평화의 종을 만들어 하늘에 올립니다.

날로 해와 달은 더욱 생명력이 싱싱하게 빛나며 천지 음양의 기운이 힘차고 아름다워 종소리를 들은 칠천만 겨레가 오래도록 덕과 복을 받으실 것입니다.

감히 온겨레의 원력을 공경하여 경희대 교수 김재홍이 글을 지어 조명호가 글씨를 쓰고 명종사 김철오가 제조하여 이 종을 자유와 평화를 사랑하는 세상 모든 인류의 가슴에 바쳐 올리나이다.

– 단기 사천삼백삼십육년 팔월구일재단법인 만해사상실천선양회

만해평화지종

| 이미지 출처 |

본문의 사진이나 이미지 자료 중 별도의 출처표기가 없는 사진은 건국대학교 통일인문학연구단 DMZ연구팀에서 촬영 또는 그린 것임을 밝힙니다.
더불어 공공누리 유형 표기가 없는 자료들은 인제군청, 인제군대암산용늪의 허락을 받아 게재한 것으로, 협력에 깊은 감사 인사를 전합니다.
마지막으로 저작권 권리처리된 자료제공 플랫폼인 공유마당의 자료는 원저작자를 밝히고 각 자료 밑에 공유마당으로 출처를 밝혔으며 공공누리 유형표기 및 출처는 다음의 표와 같습니다.

장번호	쪽수	사진명	출처	공공누리 유형
3	46	봉정암 오층석탑	문화재청 국가문화유산포털	1유형
5	71	소승폭포 빙장	국립공원 홍보미디어센터	1유형

| 건국대학교 통일인문학연구단 DMZ연구팀 소개 |

건국대학교 통일인문학연구단은 '소통, 치유, 통합의 통일인문학'과 '포스트 통일 시대의 통합적 코리아학'이라는 아젠다 연구를 수행하고 있는 인문학 분야의 유일한 통일 관련 연구소이다. 문학, 역사학, 철학 등의 인문학을 중심으로 정치학 및 북한학 등이 결합한 융복합적 통일 연구를 진행하면서 다양한 사회적 실천 사업도 진행 중이다. 또한 건국대학교 대학원 통일인문학과 및 문과대학 통일인문교육연계전공 등을 운영하면서 교육 및 후속 양성에도 힘쓰고 있다.

DMZ연구팀은 통일인문콘텐츠 개발의 일환으로 추진된 'DMZ디지털스토리텔링 연구'(2015~2016년), 'DMZ투어용 앱 개발'(2016~2019년) 등을 진행한 통일인문학연구단 산하 DMZ 분야의 전문 연구팀이다. 이 연구팀은 총 5년 동안 DMZ 접경지역을 직접 답사하면서 이 공간과 관련된 다양한 인문적 연구를 특화하여 수행했으며 다양한 원천콘텐츠를 축적했다. 이 책은 바로 이 연구팀 소속 연구진들의 지난 5년 동안의 경험을 토대로 한 답사기이다.

| 저자 소개(가나다 순) |

남경우
통일인문학/구술생애사 전공, 건국대학교 통일인문학연구단 전임연구원

박민철
한국현대철학 전공, 건국대학교 통일인문학연구단 및 대학원 통일인문학과 교수

박솔지
통일인문학/공간치유 전공, 건국대학교 통일인문학연구단 HK연구원

박영균
정치-사회철학 전공, 건국대학교 통일인문학연구단 및 대학원 통일인문학과 교수

윤태양
유가철학 전공, 성균관대학교 한국철학문화연구소 전임연구원

이의진
통일인문학 전공, 한국대학교육협의회 한국고등교육정보센터 연구원

조배준
서양철학 전공, 경희대학교 강사

DMZ 접경지역 기행 2 인제편

초판 1쇄 인쇄 2022년 04월 22일
초판 1쇄 발행 2022년 04월 29일

펴 낸 이 건국대학교 통일인문학연구단 DMZ연구팀
감　　수 최익현
발 행 인 한정희
발 행 처 경인문화사
편　　집 유지혜 김지선 한주연 이다빈 김윤진
마 케 팅 전병관 하재일 유인순
출판번호 제406-1973-000003호
주　　소 경기도 파주시 회동길 445-1 경인빌딩 B동 4층
전　　화 031-955-9300   **팩　　스** 031-955-9310
홈페이지 www.kyunginp.co.kr
이 메 일 kyungin@kyunginp.co.kr

ISBN 978-89-499-6636-6 03910
값 10,000원